Johann Baptist Wagner

Vergleichung der hochfürstlich Wirzburgischen

Und mehrerer anderer fremdherrischen Habermaaße gegen das Wirzburger

Stadt-Kornmaß

Johann Baptist Wagner

Vergleichung der hochfürstlich Wirzburgischen
Und mehrerer anderer fremdherrischen Habermaaße gegen das Wirzburger Stadt-Kornmaß

ISBN/EAN: 9783743479135

Hergestellt in Europa, USA, Kanada, Australien, Japan

Cover: Foto ©ninafisch / pixelio.de

Manufactured and distributed by brebook publishing software
(www.brebook.com)

Johann Baptist Wagner

Vergleichung der hochfürstlich Wirzburgischen

Vergleichung

der

hochfürstlich Wirzburgischen und mehrerer anderer frembherrischen

Habermaaße

gegen das

Wirzburger Stadt-Kornmaaß

aus gnädigster Verordnung

des Hochwürdigsten Fürsten und Herrn

Herrn

Georg Karl,

Bischofes zu Wirzburg, des heiligen römischen Reichs Fürsten,
auch Herzoges zu Franken ꝛc. ꝛc.

gefertiget

nach der Hubertischen Fruchtmaaß-Vergleichung,

durch

Johann Baptist Wagner,

Hofkammer-Kanzellisten und Universität-Rechenmeister in Wirzburg

im Jahre 1799.

Gedruckt bey Franz Sebastian Sartorius, Hof-Buchdrucker.

Einleitung.

Durch die unermüdete Thätigkeit des seligen Professors Huberti haben wir im Jahre 1777 eine richtige Vergleichung der hochfürstlich Wirzburgischen und mehrerer anderen fremdherrischen Fruchtmaaße gegen das Wirzburgische Stadt-Kornmaaß, je Korn- gegen Korn , und Haber- gegen Haber-Gemäß verglichen, in 59 Tabellen erhalten, und in der LX Tabelle Columne V giebt derselbe auch den allgemeinen Maaßstab an, wie sämmtliche diese Getreid-Ge-mäße, sie mögen Haber- oder Korn-Gemäße seyn, sich gegen einander ver-halten; zum Grunde dieser Vergleichung nimmt er den Boden eines jeden Gemäßes für einen Pariser Quadrat-Schuhe an, und bestimmet dessen Höhe nach dem in 10000 gleiche Theile abgetheilten Pariser Fuße.

Aus dieser berührten Tabelle können also alle vorkommende Frucht-Verglei-chungen nach den betreffenden Gemäßen angestellet werden; aber beschwerlich

ist

Einleitung.

ist es, mit so großen Zahlen, denen noch öfters 2 oder 3 Decimalbruchs-
Ziffern angehängt sind, zu multipliciren und zu dividiren; und wer auch in
dieser Rechnungsart bewandert ist, hat nicht allemal die dazu erfoderliche Zeit
oder Gedulb. Indessen tritt häufig der Fall ein, wo das Habergemäß mit
dem Wirzburger Stadt-Korngemäß muß verglichen werden; z. B. die fürst-
lichen Beamten geben den Haber für die herrschaftlichen Pferde auf dem Lande
in Wirzburger Stadt-Kornmetzen ab, in den Amtsrechnungen aber wird
derselbe in dem bey jedem Amte hergebrachten Habergemäße verrechnet: für
diese ist es also bequem, richtige Tabellen zu haben, nach welchen solche Vergleichung angestellet werden kann, wodurch zugleich das höchste Aerarium so-
wohl, als der verrechnende Beamte gegen Schaden gesichert werden, der aus
unrichtigen Berechnungen entstehen kann. Auch das commercirende Publi-
cum erhaltet hieburch den Vortheil, daß es bey dem Ankaufe von Haber,
Dinkel, oder Gerste seinen Gewinn genauer bestimmen kann, wenn es das
in seinen Kauf einschlagende Habergemäß mit der ihm bekannten Wirzburger
Stadt-Kornmetze zu vergleichen in Stand gesetzt ist.

Diese und mehrere andere Gründe haben Seine Hochfürstlichen
Gnaden bewogen, gegenwärtige Tabellen zum Drucke befördern zu lassen,
über deren innere Einrichtung und Gebrauch nur weniges zu sagen ist.

A. Die

Einleitung.

A. Die Einrichtung der Tabellen betreffend, sind deren 130 in 2 Abtheilun-
gen. In der ersten Abtheilung wird das Wirzburger Stadt-Korngge-
mäß mit 65 verschiedenen Habergemäßen, in der zweyten aber eben diese
Habergemäße wechselseitig mit dem Wirzburger Stadt-Korngemäße
verglichen. Die Vergleichung selbst ist aus der schon erwähnten Hubertischen Fruchtmaaß-Vergleichungs LX Tabelle Vten Columne ge-
nommen; das in gedachter Tabelle fehlende Haltenbergstetter und Lau-
denbacher Gemäß aber aus der durch Herrn Professor Schwab richtig
gestellten Vergleichung beyder Gemäße mit dem Wirzburger Stadt-
maaße.

B. Der Gebrauch ist ganz der nämliche, wie bey den eröfterten Hubertischen
Tabellen; für die minder Geübten wird ein einziges Beyspiel solches
hinlänglich erklären. Wir wollen den Fall setzen, das Malter Gerste
koste in Wirzburg, wo sie in Korngemäß gemessen wird, 8 fl. rhein.;
im Amte Werneck aber, wo solche im Schweinfurter Habergemäß ab-
gewähret wird, 12 fl. rhein.: will nun der Handelsmann sehen, wo
er vortheilhafter einkaufe; so darf er nur die Tabelle aufschlagen, in
welcher das Schweinfurter Habermaaß in das Wirzburger Stadt-
Kornmaaß reducirt ist; und da findet er, daß 1 Schweinfurter Haber-
malter in Wirzburger Stadt-Korngemäß 1 Malter $5\frac{2}{4}\frac{3}{16}\frac{0,94}{64}$ Metzen

oder allernächst $13\frac{1}{2}\frac{3}{16}\frac{1}{64}$ Metzen betrage, welche nach dem oben ange-
nommenen Preise ad 8 fl. rhein. per 1 Malter in Wirzburg 13 fl.
42 kr. rhein. kosten würden; er sieht also, daß er auf jedes Schweinfurter Malter 1 fl. 42 kr. rhein. übrig habe: zieht er hievon die ergehen-
den Kösten ab; so kann er sogleich berechnen, ob und wie viel er ge-
winne oder verliere, wenn er die benöthigten Gersten im Amte Werneck
auffaufet, und hat also nicht nöthig, sich auf unsichern Gewinn ein-
zulassen.

Da der Gebrauch der Hubertischen Tabellen ohnehin schon allgemein be-
kannt ist; so ist es überflüssig, mehreres hierüber zu erwähnen.

Ite Abtheilung.

Refolvirung

des

Wirzburger Stadt - Kornmaaßes

in die

hochfürſtlich Wirzburgiſche und mehrere andere fremdherriſche

Habermaaße.

Wirzburger Korngemäß	Thut in Habergemäß zu															
	I. Amorbach.					II. Arnstein.					III. Aschaffenburg.					
	Malter	Eimra	4tel	16tel	64tel	Malter	Megen	4tel	16tel	64tel	Malter	Maaß	Sächter	Viertel	Mäßlein	Schrect
Mes. 1/64	—	—	—	—	1,01	—	—	—	—	0,75	—	—	—	—	—	3,97
1/16	—	—	—	1	0,04	—	—	—	—	3,01	—	—	—	—	3	3,89
1/4	—	—	1	—	0,16	—	—	—	3	0,02	—	—	—	3	3	3,55
1	—	1	—	—	0,66	—	—	3	—	0,09	—	—	3	3	3	2,20
2	—	2	—	—	1,32	—	1	2	—	0,19	—	1	3	3	3	0,39
3	—	3	—	—	1,98	—	2	1	—	0,29	—	4	3	3	2	1,59
4	—	4	—	—	2,64	—	3	—	—	0,39	—	3	3	3	2	0,78
5	—	5	—	—	3,29	—	3	3	—	0,49	—	4	3	3	1	2,98
6	—	6	—	—	3,95	—	4	2	—	0,59	—	5	3	3	1	1,18
7	—	7	—	1	0,61	—	5	1	—	0,69	—	6	3	3	—	3,37
Malter 1	1	—	—	1	1,27	—	6	—	—	0,78	—	7	3	3	—	1,57
2	2	—	—	2	2,54	1	4	—	—	1,57	1	7	3	2	—	3,14
3	3	—	—	3	3,82	2	2	—	—	1,35	2	7	3	1	1	0,70
4	4	—	1	1	1,09	3	—	—	—	3,14	3	7	3	—	1	2,17
5	5	—	1	2	1,36	3	6	—	—	3,92	4	7	2	3	1	3,84
6	6	—	1	3	3,63	4	4	—	1	0,70	5	7	2	2	2	1,41
10	10	—	3	1	0,72	7	4	—	1	3,84	9	7	1	2	3	3,68
20	20	1	2	2	1,44	15	—	—	3	3,68	19	6	3	1	3	3,36
30	30	2	1	3	2,16	22	4	1	1	3,52	29	6	1	—	3	3,04
40	40	3	1	—	2,88	30	—	1	3	3,36	39	5	2	3	3	2,72
50	50	4	—	1	3,60	37	4	2	1	3,20	49	5	—	2	3	2,40
100	101	—	—	3	3,20	75	1	—	3	2,40	99	2	1	1	3	0,80
200	202	—	1	3	2,40	150	2	1	3	0,80	198	4	2	3	2	1,60
300	303	—	2	3	1,60	225	3	2	2	3,20	297	7	—	1	1	2,40
400	404	—	3	3	0,80	300	4	3	2	1,60	397	1	1	3	—	3,20
500	505	1	—	3	0,00	375	6	—	2	0,00	496	3	3	1	—	0,00

Wirzburger Korngesmäß	IV. Aub.					V. Bamberg.					VI. Bischofsheim an der Rhön.				
	Malter	Regen	4tel	16tel	64tel	Eimra	Viertel	Geistl.	4tel Geistl.	16tel Geistl.	Malter	Regen	4tel	16tel	64tel
Metz. 1/64	—	---	---	---	0,68	---	---	---	---	2,25	---	---	---	---	0,62
1/16	---	—	---	---	2,73	---	---	---	2	1,00	---	---	---	--	2,47
1/4	---	---	---	2	2,92	---	---	2	---	3,98	---	---	---	2	1,87
1	---	--	2	2	3,69	---	---	8	3	3,94	---	---	2	1	3,48
2	---	1	1	1	3,38	---	1	7	3	3,88	---	1	---	3	2,96
3	--	2	---	---	3,07	---	2	6	3	3,82	---	1	3	1	2,45
4	---	2	2	3	2,76	--	3	5	3	3,76	--	2	1	3	1,93
5	---	3	1	2	2,44	1	---	4	3	3,69	---	3	---	1	1,41
6	--	4	---	1	2,13	1	1	3	3	3,63	---	3	2	3	0,90
7	--	4	3	---	1,82	1	2	2	3	3,57	---	4	1	1	0,38
Malter 1	---	5	1	3	1,51	1	3	1	3	3,51	--	4	3	2	3,87
2	1	2	3	2	3,08	3	2	3	3	3,02	1	1	3	1	3,74
3	2	---	1	2	0,54	5	1	5	3	2,54	1	6	3	---	3,61
4	2	5	3	1	2,05	7	---	7	3	2,05	2	3	2	3	3,48
5	3	3	1	---	3,56	8	3	9	3	1,56	3	---	2	2	3,35
6	4	-	3	--	1,07	10	3	1	3	1,07	3	5	2	1	3,22
10	6	6	2	1	3,12	17	3	9	2	3,12	6	1	1	1	2,70
20	13	5	---	3	2,24	35	3	9	1	2,24	12	2	2	3	1,40
30	20	3	3	1	1,36	53	3	9	---	1,36	18	4	--	1	0,10
40	27	2	1	3	0,48	71	3	8	3	0,48	24	5	1	2	2,80
50	34	1	---	--	3,60	89	3	8	1	3,60	30	6	3	--	1,50
100	68	2	---	1	3,20	179	3	6	3	3,20	61	5	2	---	3,00
200	136	4	---	3	2,40	359	3	3	3	2,40	123	3	---	1	2,00
300	204	6	1	1	1,60	539	3	---	3	1,60	185	--	2	2	1,00
400	273	-	1	3	0,80	719	2	7	3	0,80	246	6	--	3	0,00
500	341	2	2	1	0,00	899	2	4	3	0,00	308	3	2	3	3,00

Würzburger Korngemäß	Thut in Habergemäß zu														
	VII. Bischofsheim an der Tauber.					VIII. Böttigheim.					IX. Buchen.				
	Malter	Becher	4tel	16tel	64tel	Malter	Simra	4tel	16tel	64tel	Malter	Simra	4tel	16tel	64tel
Mez. 1/64	---	—	---	--	1,48	---	---	---	---	0,83	—	—	—	--	1,02
1/16	---	---	---	1	1,94	---	—	---	---	3,33	---	---	—	1	0,07
1/4	---	---	1	1	3,75	---	—	---	3	1,32	---	—	1	--	0,27
1	--	1	1	3	3,01	---	---	3	1	1,30	--	1	—	---	1,09
2	--	2	3	3	2,02	---	1	2	2	2,59	---	2	—	--	2,18
3	---	4	1	3	1,03	---	2	1	3	3,89	---	3	—	—	3,27
4	—	5	3	3	0,04	---	3	1	1	1,58	—	4	---	1	0,36
5	---	7	1	2	3,05	--	4	---	2	2,48	—	5	—	1	1,45
6	—	8	3	2	1,05	--	4	3	3	3,78	---	6	---	1	2,55
7	---	10	1	2	1,06	-	5	3	1	1,07	---	7	---	1	3,64
Malter 1	---	11	3	2	0,07	-	6	2	2	2,37	1	---	---	2	0,73
2	1	11	3	—	0,14	1	5	1	1	0,74	2	--	1	---	1,46
3	2	11	2	2	0,22	2	3	3	3	3,10	3	---	1	2	2,18
4	3	11	2	--	0,29	3	2	2	2	1,47	4	---	2	--	2,91
5	4	11	1	2	0,36	4	1	1	---	3,84	5	---	2	2	3,64
6	5	11	1	---	0,43	4	7	3	3	2,21	6	---	3	1	0,37
10	9	10	3	---	0,72	8	2	2	1	3,68	10	1	1	1	2,28
20	19	9	2	---	1,44	16	5	---	3	3,36	20	2	2	3	2,56
30	29	8	1	--	2,16	24	7	3	1	3,04	30	4	---	1	1,84
40	39	7	---	--	2,88	33	2	1	3	2,72	40	5	1	3	1,12
50	49	5	3	---	3,60	41	5	---	1	2,40	50	6	3	1	0,40
100	98	11	2	1	3,20	83	2	---	3	0,80	101	5	2	2	0,80
200	197	11	---	3	2,40	166	4	1	2	1,60	203	3	1	--	1,60
300	296	10	3	1	1,50	249	6	2	1	2,40	305	---	3	2	2,40
400	395	10	1	3	0,80	333	--	3	---	3,20	406	6	2	—	3,20
500	494	10	---	1	0,00	416	3	---	---	0,00	508	4	---	3	0,00

Würzburger Korngemäß	X. Carlstadt					XI. Derdingen					XII. Dettelbach				
	Malter	Megen	4tel	16tel	64tel	Malter	Simra	4tel	16tel	64tel	Malter	Megen	4tel	16tel	64tel
Mch. 1/64	---	---	---	---	0,69	---	---	---	---	1,00	---	---	---	---	0,58
1/16	---	---	---	--	2,76	---	---	---	--	3,09	---	---	---	--	2,30
1/4	---	---	.-	2	3,05	---	---	--	3	3,96	---	---	---	2	1,22
1	---	---	2	3	2,21	---	---	3	3	3,85	--	--	2	1	0,90
2	---	1	1	3	0,42	---	1	3	3	3,71	--	1	---	2	1,80
3	---	2	---	2	2,63	--	2	3	3	3,56	---	1	2	3	2,71
4	---	2	3	2	0,84	---	3	3	3	3,42	---	2	1	---	3,61
5	---	3	2	1	3,05	---	4	3	3	3,27	---	2	3	2	0,52
6	---	4	1	1	1,26	---	5	3	3	3,13	---	3	1	3	1,43
7	---	5	---	--	3,47	---	6	3	3	2,98	---	4	---	--	2,33
Malter 1	---	5	3	--	1,68	---	7	3	3	2,84	--	4	2	1	3,24
2	1	3	2	--	3,36	1	5	3	3	1,68	1	1	---	3	2,48
3	2	1	1	1	1,04	2	3	3	3	0,52	1	5	3	1	1,72
4	2	7	---	1	2,72	3	1	3	2	3,36	2	2	1	3	0,96
5	3	4	3	2	0,40	3	9	3	2	2,20	2	7	--	1	0,20
6	4	2	2	2	2,08	4	7	3	2	1,04	3	3	2	2	3,44
10	7	1	3	---	0,80	7	9	3	1	0,40	5	6	---	2	0,40
20	14	3	2	--	1,60	15	9	2	2	0,80	11	4	1	---	0,80
30	21	5	1	--	2,40	23	9	1	3	1,20	17	2	1	2	1,10
40	28	7	---	--	3,20	31	9	1	---	1,60	23	---	2	--	1,60
50	36	---	3	1	0,00	39	9	---	1	2,00	28	6	2	2	2,00
100	72	1	2	2	0,00	79	8	---	3	0,00	57	5	1	1	0,00
200	144	3	1	---	0,00	159	6	1	2	0,00	115	2	2	2	0,00
300	216	4	3	2	0,00	239	4	2	1	0,00	172	7	3	3	0,00
400	288	6	2	---	0,00	319	2	3	---	0,00	230	5	1	---	0,00
500	361	---	--	2	0,00	399	---	3	3	0,00	288	2	2	1	0,00

Würzburger Korngemäß	XIII. Dippach					XIV. Ebern					XV. Eltmann				
	Malter	Metzen	4tel	16tel	64tel	Eimra	Viertel	4tel	16tel	64tel	Eimra	Viertel	4tel	16tel	64tel
Metz. 1/64	—	—	—	—	0 58	—	—	—	—	0,70	—	—	—	—	0,92
1/16	—	—	—	—	2,30	—	—	—	—	2,79	—	—	—	—	3,69
1/4	—	—	—	2	1,22	—	—	—	2	3,16	—	—	—	3	2,75
1	—	—	2	1	0,87	—	—	2	3	0,64	—	—	3	2	3,02
2	—	1	—	2	1,75	—	1	1	2	1,28	—	1	3	1	2,03
3	—	1	2	3	2,62	—	2	—	1	1,92	—	2	3	—	1,04
4	—	2	1	—	3,49	—	2	3	—	2,57	—	3	2	3	0,06
5	—	2	3	2	0,36	—	3	—	3	3,22	1	—	2	1	3,08
6	—	3	1	3	1,24	1	—	—	2	3,86	1	1	2	—	2,09
7	—	4	—	—	2,11	1	—	3	2	0,50	1	1	1	3	1,10
Malter 1	—	4	2	1	2,98	1	1	2	1	1,14	1	3	1	2	0,12
2	1	1	—	3	1,97	2	3	—	2	2,28	3	2	3	—	0,24
3	1	5	3	1	0,95	4	—	2	3	3,42	5	2	—	2	0,36
4	2	1	1	2	3,94	6	2	1	1	0,56	7	1	2	—	2,48
5	2	7	—	—	2,92	6	3	3	2	1,70	9	—	3	2	0,60
6	3	3	2	2	1,90	8	1	1	3	2,84	11	—	1	—	0,72
10	5	6	—	1	1,84	13	3	3	—	3,40	8	1	1	—	1,20
20	11	4	—	2	3,68	27	3	2	1	2,80	36	3	2	—	2,40
30	17	2	1	—	1,52	41	3	1	2	2,20	55	1	1	—	3,60
40	23	—	1	1	3 36	55	3	—	3	1,60	73	3	—	1	0,80
50	28	6	1	3	1,20	69	3	—	—	1,00	92	—	3	1	2,00
100	57	4	3	2	2,40	139	2	—	—	2,00	184	1	2	3	0,00
200	115	1	3	1	0,80	279	—	—	1	0,00	368	3	1	2	0,00
300	171	6	2	3	3,20	418	2	—	1	2,00	553	1	—	1	0,00
400	230	3	2	2	1,60	558	—	—	2	0,00	737	2	3	—	0,00
500	288	—	2	1	0,00	697	2	—	2	2,00	922	—	1	3	0,00

Würzburger Korngemäß	XVI. Frankfurt am Main.						XVII. Freudenberg.					XVIII. Fuld.				
	Malter	Simra	Sächter	Gescheid	Mäßch.	Schroot	Malter	Simra	4tel	16tel	64tel	Malter	Maaß	4tel	16tel	64tel
Metz. 1/64	—	—	—	—	—	1,98	---	---	--	---	1,05	—	---	---	---	0,98
1/16	—	—	—	—	2	3,94	--	—	--	1	0,21	—	—	---	---	3,94
1/4	—	—	—	2	3	3,74	--	---	1	---	0,82	—	—	---	3	3,77
1	—	—	2	3	3	2,94	--	1	—	—	3,29	—	—	3	3	3,09
2	—	1	1	3	3	1,88	—	2	—	1	2,58	---	1	3	3	2,19
3	—	2	—	3	3	0,81	—	3	—	2	1,87	--	2	3	3	1,28
4	—	2	3	3	2	3,75	—	4	—	3	1,17	--	3	3	3	0,38
5	—	3	2	3	2	2,69	—	5	1	—	0,46	—	4	3	2	3,47
6	1	—	1	3	2	1,63	—	6	1	—	3,75	---	5	3	2	2,57
7	1	1	—	3	2	0,57	—	7	1	1	3,04	---	6	3	2	1,66
Malter 1	1	1	3	3	1	3,50	—	8	1	2	2,33	--	7	3	2	0,76
2	2	3	3	2	3	3,01	1	4	3	1	0,67	1	7	3	---	1,52
3	4	1	3	2	1	2,51	2	1	—	3	3,00	2	7	2	2	2,28
4	5	3	3	1	3	2,02	2	9	2	2	1,33	3	7	2	---	3,04
5	7	1	3	1	1	1,52	3	6	—	—	3,67	4	7	1	2	3,80
6	8	3	3	—	3	1,02	4	2	1	3	2,00	5	7	1	1	0,56
10	14	3	2	2	2	3,04	7	---	—	1	3,34	9	6	3	1	3,60
20	29	3	1	1	1	2,08	14	---	—	3	2,67	19	5	2	3	3,20
30	44	3	—	—	—	1,12	21	—	1	1	2,00	29	4	2	1	2,80
40	59	2	2	1	3	0,16	28	—	1	3	1,34	39	3	1	3	2,40
50	74	2	1	1	1	3,20	35	—	2	1	0,68	49	2	1	1	2,00
100	149	—	2	2	3	2,40	70	1	—	2	1,36	98	4	2	3	0,00
200	298	1	1	1	3	0,80	140	2	1	---	2,72	197	1	1	2	0,00
300	447	2	—	—	2	3,20	210	3	1	3	0,08	295	6	---	1	0,00
400	596	2	2	3	2	1,60	280	4	2	1	1,44	394	2	3	---	0,00
500	745	3	1	2	2	0,00	350	5	2	3	2,80	492	7	1	3	0,00

Wirzburger Korngemäß	XIX. Gerolzhofen.					XX. Grünsfeld. Bechergemäß.					XXI. Grünsfeld. gemeines Gemäß.				
	Malter	Metzen	4tel	16tel	64tel	Malter	Becher	4tel	16tel	64tel	Malter	Metzen	4tel	16tel	64tel
Metz. 1/64	—	—	—	—	0,62	—	—	—	—	1,24	—	—	—	—	1,01
1/16	—	—	—	—	2,48	—	—	—	1	0,96	—	—	—	1	0,03
1/4	—	—	—	2	1,91	—	—	1	—	3,84	—	—	1	—	0,12
1	—	—	2	1	3,64	—	1	—	3	3,35	—	1	—	—	0,47
2	—	1	—	3	3,28	—	2	1	3	2,70	—	2	—	—	0,95
3	—	1	3	1	2,92	—	3	2	3	2,05	—	3	—	—	1,42
4	—	2	1	3	2,56	—	4	3	3	1,40	—	4	—	—	1,89
5	—	3	—	1	2,20	—	6	—	3	0,75	—	5	—	—	2,36
6	—	3	2	3	1,84	—	7	1	3	0,10	—	6	—	—	2,84
7	—	4	1	1	1,48	—	8	2	2	3,45	—	7	—	—	3,31
Malter 1	—	4	3	3	1,12	—	9	3	2	2,80	—	8	—	—	3,78
2	1	1	3	2	2,24	1	7	3	1	1,60	1	6	—	1	3,57
3	1	6	3	1	3,36	2	5	3	—	0,40	2	4	—	2	3,35
4	2	3	3	1	0,48	3	3	2	2	3,20	3	2	—	3	3,14
5	3	—	3	—	1,60	4	1	2	1	2,00	4	—	1	—	2,92
6	3	5	2	3	1,72	4	11	2	—	0,80	4	8	1	1	2,70
10	6	1	2	—	3,20	8	3	—	3	0,00	8	—	2	1	1,84
20	12	3	—	1	2,40	16	6	1	2	0,00	16	1	—	2	3,68
30	18	4	2	2	1,60	24	9	2	1	0,00	24	1	3	—	1,52
40	24	6	—	3	0,80	33	—	3	—	0,00	32	2	1	1	3,36
50	30	7	3	—	0,00	41	3	3	3	0,00	40	2	3	3	1,20
100	61	7	2	—	0,00	82	7	3	2	0,00	80	5	3	2	2,40
200	123	7	—	—	0,00	165	3	3	—	0,00	161	1	3	1	0,80
300	185	6	2	—	0,00	247	11	2	2	0,00	241	7	2	3	3,20
400	247	6	—	—	0,00	330	7	2	—	0,00	322	3	2	2	1,60
500	309	5	2	—	0,00	413	3	1	2	0,00	401	9	2	1	0,00

Würzburger Korngemäß	XXII. Haltenbergstetten.					XXIII. Hammelburg.					XXIV. Danau.				
	Malter	Metzen	4tel	8tel	24tel	Malter	Maaß	4tel	16tel	64tel	Malter	Simra	4tel	16tel	64tel
Metz. 1/64	---	---	---	---	0,24	---	---	---	---	0,63	---	---	---	---	0,71
1/16	---	---	---	---	0,97	---	---	---	---	2,52	---	---	---	---	2,83
1/4	---	---	---	1	0,88	---	---	---	2	2,09	---	---	---	2	3,32
1	---	---	2	1	0,52	---	---	2	2	0,35	---	---	2	3	1,29
2	---	1	1	---	1,03	---	1	1	---	0,70	---	1	1	2	2,58
3	---	1	3	1	1,55	---	1	3	2	1,06	---	2	---	1	3,86
4	---	2	2	---	2,06	---	2	2	---	1,41	---	2	3	1	1,15
5	---	3	---	1	2,58	---	3	---	2	1,76	---	3	2	---	2,44
6	---	3	3	1	0,10	---	3	3	---	2,11	1	---	---	3	3,73
7	---	4	2	---	0,61	---	4	1	2	2,56	1	---	3	3	1,02
Malter 1	---	5	---	1	1,13	---	5	---	---	2,82	1	1	2	2	2,30
2	1	2	1	---	2,26	1	2	---	1	1,63	2	3	1	1	0,61
3	1	7	2	---	0,38	1	7	---	2	0,45	4	---	3	3	2,91
4	2	4	2	1	1,51	2	4	---	2	3,26	5	2	2	2	1,22
5	3	1	3	---	2,64	3	1	---	3	2,08	7	---	1	---	3,52
6	3	7	---	---	0,77	3	6	1	---	0,90	8	1	3	3	1,82
10	6	3	2	1	2,28	6	2	1	3	0,16	14	---	2	1	3,04
20	12	7	1	1	1,56	12	4	3	2	0,32	28	1	---	3	2,08
30	19	3	---	1	0,84	18	7	1	1	0,48	42	1	3	1	1,12
40	25	6	3	1	0,12	25	1	3	---	0,64	56	2	1	3	0,16
50	32	2	2	---	2,40	31	4	---	3	0,80	70	3	---	---	3,20
100	64	5	---	1	1,80	63	---	1	2	1,60	141	2	---	1	2,40
200	129	2	1	1	0,60	126	---	3	---	3,20	283	---	---	3	0,80
300	193	7	2	---	2,40	189	1	---	3	0,80	424	2	1	---	3,10
400	258	4	3	---	1,20	252	1	2	1	2,40	566	---	1	2	1,60
500	323	2	---	---	0,00	315	2	---	---	0,00	707	2	2	---	0,00

Würzburger Korngemäß	Thut in Habergemäß zu														
	XXV. Hardheimer Burgmaaß.					XXVI. Hardheimer Dorfmaaß.					XXVII. Haßfurt.				
	Malter	Eimra	4tel	16tel	64tel	Malter	Eimra	4tel	16tel	64tel	Scheffel	Wegen	4tel	16tel	64tel
Metz. 1/64	—	—	—	—	1,07	—	—	—	—	1,12	---	---	---	---	0,53
1/16	—	—	—	1	0,28	—	—	—	1	0,50	---	---	---	---	2,12
1/4	—	—	1	—	1,14	—	—	1	—	2,21	---	---	---	2	0,47
1	—	1	—	1	0,56	—	1	—	2	0,85	—	---	2	---	1,88
2	—	2	—	2	1,12	—	2	1	—	1,69	---	1	—	---	3,75
3	—	3	—	3	1,69	—	3	1	2	2,54	---	1	2	1	1,63
4	—	4	1	—	2,25	—	4	2	—	3,39	---	2	—	1	3,51
5	—	5	1	1	2,81	—	5	2	3	0,23	—	2	2	2	1,38
6	—	6	1	2	3,37	---	6	3	1	1,08	—	3	—	2	3,26
7	—	7	1	3	3,93	---	7	3	3	1,93	—	3	2	3	1,14
Malter 1	—	8	2	1	0,50	—	9	—	1	2,78	1	—	---	3	3,02
2	1	7	—	2	0,99	1	8	—	3	1,55	2	—	1	3	2,03
3	2	5	2	3	1,4.	2	7	1	1	0,33	3	—	2	5	1,05
4	3	4	1	—	1,98	3	6	1	2	3,10	4	---	3	3	0,06
5	4	2	3	1	2,48	4	5	2	—	1,88	5	1	—	2	3,08
6	5	1	1	2	2,97	5	4	2	2	0,66	6	1	1	2	2,09
10	8	5	2	3	0,96	9	1	—	—	3,76	10	2	1	1	2,16
20	17	1	1	2	1,92	18	2	—	1	3,52	21	---	2	3	0,32
30	25	7	—	1	2,88	27	3	—	2	3,28	31	3	---	—	2,48
40	34	2	3	—	3,84	36	4	—	3	3,04	42	1	1	2	0,64
50	42	8	2	—	0,80	45	5	1	—	2,80	52	3	2	3	2,80
100	85	7	—	—	1,60	91	—	2	1	1,60	105	3	1	3	1,60
200	171	4	—	---	3,20	182	1	—	2	3,20	211	2	3	2	3,20
300	257	1	—	1	0,80	273	1	3	—	0,80	317	2	1	2	0,80
400	342	8	—	1	2,40	364	2	1	1	2,40	423	1	3	1	2,40
500	428	5	—	2	0,00	455	2	3	3	0,00	529	1	1	1	0,00

Würzburger Korngemäß	XXVIII. Heidelberg.					XXIX. Heilbronn.					XXX. Homburg am Main.				
Thut in Habergemäß zu	Malter	Simra	4tel	16tel	64tel	Malter	Simra	4tel	16tel	64tel	Malter	Simra	4tel	16tel	64tel
Metz. 1/64	—	—	—	—	1,56	—	—	—	—	0,86	—	—	—	—	0,77
1/16	—	—	—	1	2,24	—	—	—	—	3,45	—	—	—	—	3,07
1/4	—	—	1	2	0,96	—	—	—	3	1,81	—	—	—	3	0,27
1	—	1	2	—	3,84	—	—	3	1	3,26	—	—	3	—	1,10
2	—	3	—	1	3,68	—	1	2	3	2,52	—	1	2	—	2,10
3	—	4	2	2	3,52	—	2	2	1	1,78	—	2	1	—	3,29
4	—	6	—	3	3,36	—	3	1	3	1,04	—	3	—	1	0,39
5	—	7	3	—	3,20	—	4	1	1	0,30	—	3	3	1	1,49
6	1	—	1	1	3,04	—	5	—	2	3,57	—	4	2	1	2,59
7	1	1	3	2	2,88	—	6	—	—	2,83	—	5	1	1	3,69
Malter 1	1	3	1	3	2,72	—	6	3	2	2,09	—	6	—	2	0,78
2	2	6	3	3	1,44	1	5	3	1	0,18	1	4	1	—	1,57
3	4	1	1	3	0,16	2	4	2	3	2,26	2	2	1	2	2,35
4	5	4	3	2	1,88	3	3	2	2	0,35	3	—	2	—	3,14
5	6	8	1	2	1,60	4	2	2	—	2,44	3	6	2	2	3,92
6	8	2	3	2	0,32	5	1	1	3	0,53	4	4	3	1	0,70
10	13	7	3	—	3,20	8	5	—	1	0,88	7	5	1	1	3,84
20	27	6	2	1	2,40	17	2	—	2	1,76	15	2	2	3	3,68
30	41	5	1	2	1,60	25	7	—	3	2,64	23	—	—	1	3,52
40	55	4	—	3	0,80	34	4	1	—	3,52	30	5	1	3	3,36
50	69	3	—	—	0,00	43	1	1	2	0,40	38	2	3	1	3,20
100	138	6	—	—	0,00	86	2	3	—	0,80	76	5	2	3	2,40
200	277	3	—	—	0,00	172	5	2	—	1,60	153	3	1	3	0,80
300	416	—	—	—	0,00	259	—	1	—	2,40	230	1	—	2	3,20
400	554	6	—	—	0,00	345	3	—	—	3,20	306	6	3	2	1,60
500	693	3	—	—	0,00	431	5	3	1	0,00	383	4	2	2	0,00

Wirzburger Korngemäß	XXXI. Jagstberg.					XXXII. Iphofen.					XXXIII. Kitzingen.				
	Malter	Mäß	4tel	16tel	64tel	Malter	Metzen	4tel	16tel	64tel	Malter	Metzen	4tel	16tel	64tel
Metz 1/64	--	--	--	--	0,79	--	--	--	--	0,64	--	--	--	--	0,62
1/16	--	--	--	—	3,18	--	--	--	--	2,58	--	--	--	--	2,49
1/4	--	--	—	3	0,73	--	--	--	2	1,31	--	--	--	2	1,96
1	--	--	3	--	2,92	—	--	2	2	1,23	--	--	2	1	3,85
2	--	1	2	1	2,84	--	1	1	--	2,46	--	1	--	3	3,70
3	--	2	1	1	0,76	--	1	3	2	3,69	--	1	3	1	3,55
4	—	3	—	2	3,68	--	2	2	1	0,92	--	2	1	3	3,40
5	--	3	3	3	1,60	--	3	--	3	2,15	--	3	--	1	3,25
6	--	4	3	—	1,52	--	3	3	1	3,38	--	3	2	3	3,10
7	--	5	2	1	0,44	--	4	2	--	0,61	--	4	1	1	2,95
Malter 1	--	6	1	1	3,26	--	5	--	2	1,84	--	4	3	3	2,80
2	1	4	2	3	1,72	1	2	1	--	3,68	1	1	3	3	1,60
3	2	3	--	1	2,08	1	7	1	3	1,52	1	6	3	3	0,40
4	3	1	1	3	1,44	2	4	2	1	3,36	2	3	3	2	3,20
5	3	7	3	1	0,80	3	1	3	--	1,20	3	--	3	2	2,00
6	4	6	--	3	0,16	3	6	3	2	3,04	3	5	3	2	0,80
10	7	7	2	2	1,60	6	3	2	--	2,40	6	1	3	1	0,00
20	15	7	1	--	3,20	12	7	--	1	0,80	12	3	2	2	0,00
30	23	6	3	3	0,80	19	2	2	1	3,20	18	5	1	3	0,00
40	31	6	2	1	2,40	25	6	—	2	1,60	24	7	1	--	0,00
50	39	6	1	--	0,00	32	1	2	3	0,00	31	1	—	1	0,00
100	79	4	2	--	0,00	64	3	1	2	0,00	62	2	--	2	0,00
200	159	1	--	--	0,00	128	6	3	--	0,00	124	4	1	—	0,00
300	238	5	2	--	0,00	193	2	--	2	0,00	186	6	1	2	0,00
400	318	2	--	--	0,00	257	5	2	--	0,00	249	--	2	--	0,00
500	397	6	2	--	0,00	322	--	3	2	0,00	311	2	2	2	0,00

Wirzburger Korngemäß	XXXIV. Königsberg.					XXXV. Lauda. Bechergemäß.					XXXVI. Lauda. gemeines Gemäß.				
	Scheffel	Wegen	4tel	8tel	24tel	Walter	Becher	4tel	1ctel	64tel	Walter	Wegen	Mäßl.	4te Mäß	16tel K.
Metz. 1/64	----	--	---	---	0,46	----	---	--	---	1,57	---	---	---	1	0,02
1/16	----	--	---	--	1,85	----	---	--	1	2,17	--	---	1	---	0,07
1/4	----	--	--	1	3,42	----	---	1	2	1,08	--	---	4	---	0,26
1	----	--	1	3	1,67	----	1	2	1	0,31	--	1	2	---	1,04
2	----	--	3	2	3,33	--	3	---	2	0,62	---	2	4	---	2,09
3	----	1	1	2	1,00	---	4	2	3	0,93	---	3	6	---	3,13
4	---	1	3	1	2,67	---	6	1	---	1,24	---	4	8	1	0,18
5	----	2	1	1	0,33	----	7	3	1	1,55	---	5	10	1	1,23
6	----	2	3	---	2,00	---	9	1	2	1,86	---	6	12	1	2,27
7	----	3	---	3	3,67	---	10	3	3	2,17	---	8	---	1	3,31
Malter 1	----	3	2	3	1,34	1	--	2	---	2,48	--	9	2	2	0,36
2	1	3	1	2	1,67	2	1	---	1	0,96	1	8	5	---	0,72
3	2	3	---	2	0,01	3	1	2	1	3,44	2	7	7	2	1,08
4	3	2	3	1	1,34	4	2	---	2	1,92	3	6	10	---	1,44
5	4	2	2	---	2,68	5	2	2	3	0,40	4	5	12	2	1,80
6	5	2	1	---	0,02	6	3	---	3	2,88	5	5	1	---	2,16
10	9	1	---	1	1,36	10	5	1	2	0,80	9	1	11	--	3,60
20	18	2	---	2	2,72	20	10	3	---	1,60	18	3	8	1	3,10
30	27	3	1	--	0,08	31	4	---	2	2,40	27	5	5	2	2,80
40	37	---	1	1	1,44	41	9	2	---	3,20	36	7	2	3	2,40
50	46	1	1	2	2,80	52	2	3	3	0,00	45	9	---	---	2,00
100	92	2	3	1	1,60	104	5	3	2	0,00	91	8	---	1	0,00
200	185	1	2	2	3,20	208	11	3	---	0,00	183	6	---	2	0,00
300	278	---	2	---	0,80	313	5	2	2	0,00	275	4	---	3	0,00
400	370	3	1	1	2,40	417	11	2	---	0,00	367	2	1	---	0,00
500	463	2	---	3	0,00	522	5	1	2	0,00	459	---	1	1	0,00

Wirßburger Korngemäß	XXXVII. Laudenbach an der Vorbach.					XXXVIII. Marktbibart.					XXXIX. Mayn z.					
	Malter	Mezen	4tel	8tel	4tel	Malter	Mezen	4tel	16tel	64tel	Malter	Viernsel	Kumpf	Gescheit	Mäßch	Schrecl
Mez. 1/64	—	—	—	—	0,25	—	—	—	—	0,62	—	—	—	—	—	3,18
1/16	—	—	—	—	1,01	—	—	—	—	2,48	—	—	—	—	3	0,74
1/4	—	—	—	1	1,02	—	—	—	2	1,91	—	—	—	3	—	2,96
1	—	—	2	1	1,10	—	—	2	1	3,65	—	—	3	—	2	3,84
2	—	1	1	—	2,19	—	1	—	3	3,31	1	2	1	1	—	3,68
3	—	2	—	—	0,29	—	1	3	1	2,96	2	1	2	—	—	3,52
4	—	2	2	1	1,39	—	2	1	3	2,61	—	3	—	2	3	3,36
5	—	3	1	—	2,48	—	3	—	1	2,26	—	3	3	3	2	3,20
6	—	4	—	—	0,58	—	3	2	3	1,92	1	—	3	—	1	3,04
7	—	4	2	1	1,68	—	4	1	1	1,57	1	1	2	1	—	2,88
Malter 1	—	5	1	—	2,78	—	4	3	3	1,21	1	2	1	1	3	2,72
2	1	2	2	1	2,55	1	1	3	2	2,45	3	—	2	3	3	1,44
3	2	—	—	—	2,33	1	6	3	1	3,67	4	3	—	1	3	0,16
4	2	5	1	1	2,10	2	3	3	1	0,90	6	1	1	3	2	2,88
5	3	2	3	—	1,88	3	—	3	—	2,11	7	3	3	1	2	1,60
6	4	—	—	1	1,66	3	5	2	3	3,34	9	2	-	3	2	0,32
10	6	5	2	1	0,76	6	1	2	1	0,14	15	3	2	3	—	3,20
20	13	3	1	—	1,51	12	3	—	2	0,48	31	3	1	2	1	0,40
30	20	—	3	1	2,28	18	4	2	3	0,72	47	3	—	1	2	1,60
40	26	6	2	1	0,04	24	6	1	—	0,96	63	2	3	—	3	0,80
50	33	4	1	—	0,80	30	7	3	1	1,20	79	2	2	—	—	0,00
100	67	—	2	—	1,60	61	7	2	2	2,40	159	1	—	—	-	0,00
200	134	1	—	1	0,20	123	7	1	1	0,80	318	2	—	—	-	0,00
300	201	1	2	1	1,80	185	6	3	3	3,20	477	3	—	—	-	0,00
400	268	2	1	—	0,40	247	6	2	2	1,60	637	—	—	—	-	0,00
500	335	2	3	—	2,00	309	6	1	1	0,00	796	1	—	—	-	0,00

Wirzbur-ger Korngemäß	XL. Mellrichstadt.					XLI. Mergentheim.					XLII. Miltenberg.				
	Malter	Maaß	4tel	16tel	64tel	Malter	Maaß	4tel	16tel	64tel	Malter	Simra	4tel	16tel	64tel
Meß. 1/64	---	---	---	--	0,99	---	---	---	--	0,96	---	---	---	--	1,11
1/16	---	---	---	---	3,96	---	---	---	---	3,84	--	---	---	1	0,44
1/4	---	---	---	3	3,86	---	---	---	3	3,35	---	---	1		1,78
1	--	---	3	3	3,44	---	---	3	3	1,39	---	1		1	3,12
2	---	1	3	3	2,88	---	1	3	2	2,78	—	2	—	3	2,24
3	---	2	3	3	2,32	---	2	3	2	0,17	—	3	1	1	1,36
4	---	3	3	3	1,76	--	3	3	1	1,56	—	4	1	3	0,48
5	-	4	3	3	1,20	—	4	3	—	2,95	---	5	2	-	3,59
6	—	5	3	3	0,64	—	5	3	---	0,34	---	6	2	2	1,71
7	—	6	3	3	0,08	—	6	2	3	1,73	---	7	3	—	1,83
Malter 1	—	7	3	2	3,52	—	7	2	2	3,12	--	8	3	2	0,95
2	1	7	3	1	3,04	1	3	1	1	2,24	1	5	3	---	1,90
3	2	7	3	--	2,56	1	11	---	—	1,36	2	2	2	2	2,86
4	3	7	2	3	2,08	2	6	2	3	0,48	2	11	2	---	3,81
5	4	7	2	2	1,60	3	2	1	1	3,60	3	8	1	3	0,76
6	5	7	2	1	1,12	3	10	---	—	2,72	4	5	1	1	1,71
10	9	7	1	—	3,20	6	4	2	3	3,20	7	4	3	2	1,52
20	19	6	2	1	2,40	12	9	1	3	2,40	14	9	3	---	3,04
30	29	5	3	2	1,60	19	2	—	3	1,60	22	2	2	3	0,56
40	39	5	—	3	0,80	25	6	3	3	0,80	29	7	2	1	2,08
50	49	4	2	—	0,00	31	11	2	3	0,00	37	---	1	3	3,60
100	99	1	—	—	0,00	63	11	1	2	0,00	74	---	3	3	3,20
200	198	2	—	—	0,00	127	10	3	---	0,00	148	1	3	3	2,40
300	297	3	—	—	0,00	191	10		2	0,00	222	2	3	3	1,60
400	396	4	—	—	0,00	255	9	2	—	0,00	296	3	3	3	0,80
500	495	5	—	—	0,00	319	8	3	2	0,00	370	4	3	3	0,00

Wirzburger Korngemäß	XLIII. Münnerstadt.					XLIV. Neubrunn.					XLV. Neustadt an der Saal.				
	Achtel	Megen	4tel	16tel	64tel	Malter	Eimra	4tel	16tel	64tel	Malter	Maaß	4tel	16tel	64tel
Meq. 1/64	---	---	---	---	0,52	---	---	---	---	0,80	--	---	---	--	0,91
1/16	---	---	---	—	2,07	---	---	---	---	3,21	--	---	---	--	3,65
1/4	---	---	—	2	0,29	--	---	---	3	0,86	—	---	---	3	2,60
1	--	---	2	---	1,16	---	---	3	--	3,43	---	---	3	2	2,40
2	--	1	—	—	2,32	---	1	2	1	2,86	---	1	3	1	0,80
3	---	1	2	---	3,48	--	2	1	2	2,29	---	2	2	3	3,20
4	--	2	---	1	0,64	---	3	--	3	1,72	---	3	2	2	1,60
5	---	2	2	1	1,79	—	4	---	---	1,15	---	4	2	1	0,00
6	--	3	---	1	2,95	--	4	3	1	0,59	---	5	1	3	2,40
7	---	3	2	2	0,11	--	5	2	2	0,02	---	6	1	2	0,80
Malter 1	1	---	---	2	1,27	--	6	1	2	3,45	---	7	1	---	3,20
2	2	---	1	--	2,54	1	4	3	1	2,90	1	6	2	1	2,40
3	3	---	1	2	3,82	2	3	1	---	2,34	2	5	3	2	1,60
4	4	—	2	1	1,09	3	1	2	3	1,79	3	5	---	3	0,80
5	5	—	2	3	2,36	4	--	---	2	1,24	4	4	2	---	0,00
6	6	—	3	1	3,63	4	6	2	1	0,69	5	3	3	--	3,20
10	10	1	1	3	0,72	8	—	1	--	2,48	9	1	---	--	0,00
20	20	2	3	2	1,44	16	--	2	1	0,96	18	2	---	--	0,00
30	31	—	1	1	2,16	24	--	3	1	3,44	27	3	---	--	0,00
40	41	1	3	---	2,88	32	1	—	2	1,92	36	4	—	---	0,00
50	51	3	---	3	3,60	40	1	1	3	0,40	45	5	---	--	0,00
100	103	2	1	3	3,20	80	2	3	2	0,80	91	2	---	--	0,00
200	207	—	3	3	2,40	160	5	3	---	1,60	182	4	---	--	0,00
300	310	3	1	3	1,60	241	--	2	2	2,40	273	6	---	--	0,00
400	414	1	3	3	0,80	321	3	2	---	3,10	365	---	—	--	0,00
500	518	--	1	3	0,00	401	6	1	3	0,00	456	2	—	--	0,00

Würzbur- ger Korngemäß	XLVI. Nürnberg					XLVII. Oberschwarzach					XLVIII. Ochsenfurt				
	Eimra	Megen	4tel	16tel	64tel	Malter	Megen	4tel	16tel	64tel	Malter	Megen	4tel	16tel	64tel
Mes. 1/64	---	---	---	---	1,15	---	---	---	---	0,60	---	---	---		0,64
1/16	---	---	---	1	0,61	---	---	---	---	2,41	---	---	---		2,55
1/4	---	---	1	---	2,45	---	---	---	2	1,64	---	---	---	2	2,19
1	---	1	---	2	1,78	---	---	2	1	2,57	---	---	2	2	0,77
2	---	2	1	---	3,57	---	1	---	3	1,15	---	1	1	---	1,54
3	---	3	1	3	1,35	---	1	3	---	3,73	---	1	3	2	2,31
4	---	4	2	1	3,14	---	2	1	2	2,30	---	2	2	---	3,08
5	---	5	3	---	0,92	3	---	---		0,87	---	3	--	2	3,85
6	---	6	3	2	2,70	3	2	1		3,45	---	3	3	1	0,62
7	---	8	---	1	0,49	---	4	---	3	2,03	---	4	1	3	1,39
Malter 1	---	9	---	3	2,27	---	4	3	1	0,60	---	5	---	1	2,16
2	---	18	1	3	0,54	1	1	2	2	1,20	1	2	---	3	0,32
3	--	27	2	2	2,81	1	6	1	3	1,60	1	7	1	---	2,48
4	1	4	3	2	1,08	2	3	1	---	2,40	2	4	1	2	0,64
5	1	14	---	1	3,35	3	---	---	1	3,00	3	1	1	3	2,80
6	1	23	1	1	1,62	3	4	3	2	3,60	3	6	2	1	0,96
10	2	28	---	3	2,70	6	---	---	3	2,00	6	2	3	3	1,60
20	5	24	1	3	1,40	12	---	1	3	0,00	12	5	3	2	3,20
30	8	20	2	3	0,11	18	---	2	2	2,00	19	---	3	2	0,80
40	11	16	3	2	2,82	24	---	3	2	0,00	25	3	3	1	2,40
50	14	13	---	2	1,52	30	1	---	1	2,00	31	6	3	1	0,00
100	28	26	1	---	3,04	60	2	---	3	0,00	63	5	2	2	0,00
200	57	20	2	1	2,08	120	4	1	2	0,00	127	3	1	---	0,00
300	86	14	3	2	1,12	180	6	2	1	0,00	191	---	3	2	0,00
400	115	9	---	3	0,16	241	---	3		0,00	254	6	2	---	0,00
500	144	3	1	3	3,20	301	2	3	3	0,00	318	4	---	2	0,00

Wirtzburger Korngemäß	XLIX. Remlingen					L. Röttingen					LI. Rotenburg an der Tauber				
	Malter	Simra	4tel	16tel	64tel	Malter	Regen	4tel	16tel	64tel	Malter	Regen	4tel	16tel	64tel
Meß. 1/64	—	—	—	–	1,04	—	—	—	—	0,68	—	—	—		0,56
1/16	—	—	—	1	0,17	—	—	—	—	2,71	—	—	—		2,24
1/4	—	—	1	—	0,67	—	—	—	2	2,85	—	—		2	0,96
1	—	1	—		2,67	—	—	2	2	3,39	—	—		2	3,84
2	—	2	—	1	1,35	—	1	1	1	2,79	—	1		1	3,69
3	—	3	—	2	0,02	—	2	—	—	2,18	—	1	2	2	3,53
4	—	4	—	2	2,70	—	2	2	3	1,57	—	2	—	3	3,38
5	—	5	—	3	1,37	—	3	1	2	0,96	—	2	3	—	1,22
6	—	6	1	—	0,04	—	4	—	1	0,36	—	3	1	1	3,07
7	—	7	1	—	2,72	—	4	2	3	3,75	—	3	3	2	2,91
Malter 1	—	8	1	1	1,39	—	5	1	2	3,14	—	4	1	3	2,76
2	1	6	2	2	2,78	1	2	3	1	2,19	1	—	3	3	1,52
3	2	5	—	—	0,18	2	—	1	—	1,43	1	5	1	3	0,28
4	3	3	1	1	1,57	2	5	2	3	0,58	2	1	3	2	3,04
5	4	1	2	2	2,96	3	3	—	1	3,72	2	6	1	2	1,80
6	5	—	—	—	0,35	4	—	2	—	2,86	3	2	3	2	0,56
10	8	3	1	1	1,92	6	6	—	3	3,44	5	4	3	—	3,60
20	16	6	2	2	3,84	13	4	1	3	2,88	11	1	2	1	3,20
30	25	—	—	—	1,76	20	2	2	3	2,32	16	6	1	2	2,80
40	33	3	1	1	3,68	27	—	3	3	1,76	22	3	—	3	1,40
50	41	6	2	3	1,60	33	7	—	3	1,20	28	—	—	—	1,00
100	83	3	1	2	3,20	67	6	1	2	2,40	56	—	—	1	0,00
200	166	6	3	1	2,40	135	4	3	1	0,30	112	—	—	2	0,00
300	250	—	1	—	1,60	203	3	—	3	3,20	168	—	—	3	0,00
400	333	3	2	3	0,80	271	1	2	2	1,60	224	1	—	—	0,00
500	416	7	—	2	0,00	339	—	—	1	0,00	280	—	1	1	0,00

| Würzburger Korngemäß | Thut in Habergemäß zu | | | | | | | | | | | | | | |
| | LII. Rotenfels | | | | | LIII. Schlüsselfeld | | | | | LIV. Schweinfurt | | | | |
	Malter	Megen	4tel	16tel	64tel	Malter	Megen	4tel	16tel	64tel	Malter	Megen	4tel	16tel	64tel
Mez. 1/64	---	---	---	---	0,73	---	---	---	---	0,59	---	---	---	---	0,58
1/16	---	---	---	---	2,91	---	---	---	---	2,36	---	---	---	---	2,33
1/4	---	---	---	2	3,65	---	---	---	2	1,43	---	---	---	2	1,34
1	---	---	2	3	2,62	---	---	2	1	1,73	---	---	2	1	1,37
2	---	1	1	3	1,24	---	1	---	2	3,46	---	1	---	2	1,73
3	---	2	---	2	3,85	---	1	3	---	1,19	---	1	3	---	0,10
4	---	2	3	2	2,47	---	2	1	1	2,92	---	2	1	1	1,46
5	---	3	2	2	1,09	---	2	3	3	0,65	---	2	3	2	2,83
6	---	4	1	1	3,71	---	3	2	---	2,38	---	3	2	-	0,20
7	---	5	---	1	2,33	---	4	---	2	0,11	---	4	---	1	1,56
Malter 1	---	5	3	1	0,94	---	4	2	3	1,04	---	4	2	2	2,93
2	1	3	2	2	1,89	1	.	1	2	3,68	1	1	1	1	1,86
3	2	1	1	3	2,83	1	6	---	2	1,52	1	6	---	---	0,78
4	2	7	1	---	3,78	2	2	3	1	3,36	2	2	2	2	3,71
5	3	5	---	2	0,72	2	7	2	1	1,20	2	7	1	1	2,64
6	4	2	3	3	1,66	3	4	1	---	3,04	3	4	---	---	1,57
10	7	2	1	---	1,44	5	7	---	2	2,40	5	6	2	3	1,28
20	14	4	2	---	2,88	11	6	1	1	0,80	11	5	1	2	2,56
30	21	6	3	1	0,32	17	5	1	3	3,20	17	4	---	1	3,84
40	29	1	---	1	1,76	23	4	2	2	1,60	23	2	3	1	1,12
50	36	3	1	1	3,20	29	3	3	1	0,00	29	1	2	---	2,40
100	72	6	2	3	2,40	58	7	2	2	0,00	58	3	---	1	0,80
200	145	5	1	3	0,80	117	7	1	---	0,00	116	6	---	2	1,60
300	218	4	---	2	3,20	176	6	3	2	0,00	175	1	---	3	2,40
400	291	2	3	2	1,60	235	6	2	---	0,00	233	4	1	---	3,20
500	364	1	2	2	0,00	294	6	---	2	0,00	291	7	1	2	0,00

| Würzbur-ger Korngemäß | Thut in Habergewäß zu | | | | | | | | | | | | | | |
| | LV. Seßlach. | | | | | LVI. Speyer. | | | | | LVII. Stadelschwarzach. | | | | |
	Eimra	Viertel	4tel	16tel	64tel	Malter	Eimra	Immel	Säßtein	4tel Säßtein	Malter	Megen	4tel	16tel	64tel
Metz. 1/64	---	---	---	---	0,75	---	---	---	---	1,38	---	---	---	---	0,61
1/16	---	---	---	---	3,00	---	---	---	1	1,51	---	---	---	---	2,46
1/4	---	---	---	2	3,99	---	---	1	1	2,02	---	---	---	2	1,83
1	---	---	2	3	3,97	---	1	1	2	0,09	---	---	1	1	3,31
2	---	1	1	3	3,99	---	2	3	---	0,19	---	1	---	2	2,61
3	---	2	---	3	3,99	---	4	---	2	0,28	---	1	3	1	1,92
4	---	2	3	3	3,98	---	5	2	---	0,38	---	2	1	3	1,22
5	---	3	2	3	3,98	---	6	3	2	0,47	---	3	---	1	0,53
6	1	---	---	3	3,98	---	6	1	---	0,56	---	3	2	2	3,84
7	1	1	---	3	3,97	1	---	2	2	0,66	---	4	1	---	3,14
Malter 1	1	1	3	3	3,99	1	2	---	---	0,75	---	4	3	2	2,45
2	2	3	3	3	3,94	2	4	---	---	1,50	1	1	3	1	0,90
3	4	1	3	3	3,90	3	6	---	---	2,26	1	6	2	3	3,34
4	5	3	3	3	3,87	4	8	---	---	3,01	2	3	2	2	1,79
5	7	1	3	3	3,84	6	1	---	---	3,76	3	---	2	1	0,24
6	8	3	3	3	3,81	7	3	---	1	0,51	3	5	1	3	2,69
10	14	3	3	3	3,68	12	2	---	1	3,52	6	1	---	2	0,48
20	29	3	3	3	3,36	24	4	---	3	3,04	12	2	1	---	0,96
30	44	3	3	3	3,04	36	6	1	1	2,56	18	3	1	2	1,44
40	59	3	3	3	2,72	48	8	1	3	2,08	24	4	2	---	1,92
50	74	3	3	3	2,40	61	1	2	1	1,60	30	5	2	2	2,40
100	149	3	3	3	0,80	122	3	---	2	3,20	6	3	1	1	0,80
200	299	3	3	2	1,60	244	6	1	1	2,40	122	6	2	2	1,60
300	449	3	3	1	2,40	367	---	2	---	1,60	184	1	3	3	2,40
400	599	3	3	---	3,20	489	3	2	3	0,80	245	5	1	---	3,20
500	749	3	3	---	0,00	611	6	3	2	0,00	307	---	2	2	0,00

Wirtzburger Korngemäß	LVIII. Stadtschwarzach.					LIX. Sulzfeld im Grabfeld.					LX. Tann im Fuldaischen.				
	Malter	Wegen	4tel	16tel	64tel	Scheffel	Wegen	4tel	16tel	64tel	Malter	Maaß	4tel	16tel	64tel
Metz. 1/64	---	--	---	---	0,61	---	--	---	---	0,71	--	--	---	--	0,82
1/16	---	--	---	---	2,45	---	--	---	—	2,86	--	--	---	--	3,28
1/4	---	--	---	2	1,79	—	--	---	2	3,42	---	--	---	3	1,11
1	---	--	2	1	3,17	---	--	2	3	1,70	--	--	3	1	0,46
2	---	1	—	3	2,33	---	1	1	2	3,40	--	.	2	2	0,92
3	---	1	3	1	1,50	--	2	—	2	1,10	---	2	1	3	1,38
4	---	2	1	3	0,66	--	2	3	1	2,80	---	3	1	---	1,84
5	---	3	—	--	3,83	---	3	2	1	0,49	---	4	--	1	2,30
6	---	3	2	2	3,00	---	4	1	—	2,19	---	4	3	2	2,76
7	---	4	1	---	2,16	---	4	3	3	3,89	---	5	2	3	3,12
Malter 1	---	4	3	2	1,33	---	5	2	3	1,59	--	6	2	---	3,68
2	1	1	3	-	2,66	1	5	1	2	3,18	1	5	---	1	3,36
3	1	6	2	2	3,98	2	5	---	2	0,78	2	3	2	2	3,04
4	2	3	2	1	1,31	3	4	3	1	2,37	3	2	---	3	2,72
5	3	--	1	3	2,64	4	4	2	---	3,96	4	---	3	---	2,40
6	3	5	1	1	3,97	5	4	1	--	1,55	4	7	1	1	2,08
10	6	---	3	3	1,28	9	3	-	1	3,92	8	1	2	1	0,80
20	12	1	3	2	2,56	19	---	---	3	3,84	16	3	---	2	1,60
30	18	2	3	1	3,84	28	3	1	1	3,76	24	4	2	3	2,40
40	24	3	3	1	1,12	38	—	1	3	3,68	32	6	1	---	3,20
50	30	4	3	—	2,40	47	3	2	1	3,60	40	7	3	2	0,00
100	61	1	2	1	0,80	95	1	—	3	3,20	81	7	3	---	0,00
200	122	3	---	2	1,60	190	2	1	3	2,40	163	7	2	---	0,00
300	183	4	2	3	2,40	285	3	2	3	1,60	245	7	1	---	0,00
400	244	6	1	---	3,20	380	4	3	3	0,80	327	7	---	---	0,00
500	305	7	3	2	0,00	476	---	-	3	0,00	409	6	3	---	0,00

| Wirtzburger Korngemäß | Thut in Habergemäß zu | | | | | | | | | | | | | | |
| | LXI. Volkach. | | | | | LXII. Wertheim. | | | | | LXIII. Winsheim. | | | | |
	Malter	Metzen	4tel	16tel	64tel	Malter	Eimra	4tel	16tel	64tel	Malter	Metzen	4tel	8tel	2tel
Metz. 1/64	—	—	—	-	0,57	—	—	—	—	0,78	—	—	—	—	0,22
1/16	—	—	—	—	2,30	—	—	—	—	3,12	—	—	—	—	0,88
1/4	—	—	—	2	1,19	—	—	—	3	0,49	—	—	—	1	0,52
1	—	—	2	1	0,76	—	—	3	---	1,97	—	—	2	—	2,08
2	—	1	—	2	1,52	—	1	2	---	3,94	—	1	- -	3	1,15
3	—	1	2	3	2,29	—	2	1	1	1,91	—	1	3	—	0,23
4	—	2	1	—	3,05	—	3	—	1	3,88	—	2	1	—	2,30
5	—	2	3	1	3,81	—	3	3	2	1,85	—	2	3	1	1,38
6	—	3	1	3	0,57	—	4	2	2	3,83	- -	3	2	—	0,46
7	—	4	—	—	1,33	---	5	1	3	1,80	---	4	---	—	2,53
Malter 1	—	4	2	1	2,10	-	6	—	3	3,77	- -	4	2	1	1,51
2	1	1	—	3	0,19	1	4	1	3	3,54	1	1	1	1	0,22
3	1	5	3	—	2,29	2	2	2	3	3,30	1	6	---	---	1,82
4	2	2	1	2	0,38	3	---	3	3	3,07	2	2	3	—	0,43
5	2	6	3	3	2,48	3	7	---	3	2,84	2	7	1	1	2,04
6	3	3	2	1	0,58	4	5	1	3	2,60	3	4	---	1	0,65
10	5	5	3	3	0,96	7	6	1	1	1,68	5	6	3	1	1,08
20	11	3	3	2	1,92	15	4	3	2	3,36	11	5	3	---	2,16
30	17	1	3	1	2,88	23	3	1	2	1,04	17	4	3	—	0,24
40	22	7	3	—	3,84	31	1	3	1	2,72	23	3	2	1	1,32
50	28	5	3	—	0,80	39	—	1	1	0,40	29	2	2	—	2,40
100	57	3	2	—	1,60	78	—	2	2	0,80	58	5	---	1	1,80
200	114	7	—	—	3,20	156	1	1	---	1,60	117	2	1	1	0,60
300	172	2	2	1	0,80	234	1	3	2	2,40	175	7	2	—	2,40
400	229	6	—	1	2,40	312	2	2	---	3,20	234	4	3	---	1,20
500	287	1	2	2	0,00	390	3	---	3	0,00	293	2	---	—	0,00

Wirzburger Korngemäß	Thut in Habergemäß zu									
	LXIV. Wirzburg.					LXV. Würtenberg.				
	Malter	Megen	4tel	16tel	64tel	Scheffel	Simri	4tel	16tel	64tel
Mez. 1/64	---	---	---	---	0,65	---	---	---	---	0,97
1/16	---	---	---	---	2,95	---	---	---	—	3,89
1/4	---	---	---	2	2,36	---	---	---	3	3,57
1	---	---	2	2	1,44	---	---	3	3	2,19
2	---	1	1	---	2,89	---	1	3	3	0,59
3	---	1	3	3	0,33	---	2	3	2	2,88
4	---	2	2	1	1,77	---	3	3	2	1,18
5	---	3	—	3	3,21	---	4	3	1	3,47
6	---	3	3	2	0,66	---	5	3	1	1,76
7	---	4	2	—	2,10	---	6	3	1	0,06
Malter 1	---	5	--	2	3,54	---	7	3	---	2,35
2	--	10	1	1	3,09	1	7	2	1	0,70
3	1	3	2	---	2,63	2	7	1	1	3,06
4	1	8	2	3	2,18	3	7	---	2	1,41
5	2	1	3	2	1,72	4	6	3	2	3,76
6	2	7	---	1	1,26	5	6	2	3	2,11
10	4	3	3	--	3,44	9	5	3	1	3,52
20	8	7	2	1	2,88	19	3	2	3	3,04
30	12	11	1	2	2,32	29	1	2	1	2,56
40	17	3	—	3	1,76	38	7	1	3	2,08
50	21	7	—	---	1,20	48	5	1	1	1,60
100	43	2	—	---	2,40	97	2	2	2	3,20
200	86	4	---	1	0,80	194	5	1	1	2,40
300	129	6	—	1	3,20	292	---	—	---	1,60
400	172	8	—	2	1,60	389	2	2	3	0,80
500	215	10	—	3	0,00	486	5	1	2	0,00

IIte Abtheilung.

Resolvirung

der

hochfürstlich Wirzburgischen und mehrerer anderen fremdherrischen

Habermaaße

in das

Wirzburger Stadt = Kornmaaß.

Haber, gemäß in	I. Amorbach.					Haber, gemäß in	II. Arnstein.					Haber, gemäß in	III. Aschaffenburg.				

Thut in Korngemäß zu Wirzburg.

	Malter	Metzen	4tel	16tel	64tel		Malter	Metzen	4tel	16tel	64tel		Malter	Metzen	4tel	16tel	64tel
Simra 1/64	--	--	--	--	0,99	Metzen 1/64	--	--	--	--	1,33	Schrot 1	--	--	--	--	0,25
1/16	--	--	--	--	3,96	1/16	--	--	--	1	1,32	Mäßel 1	--	--	--	--	1,01
1/4	--	--	--	3	3,84	1/4	--	--	1	1	1,29	Viertel 1	--	--	1	--	0,03
1	--	--	3	3	3,35	1	--	1	1	1	1,16	Sächter 1	--	--	1	--	0,11
2	--	1	3	3	2,69	2	--	2	2	2	2,32	Maaß 1	--	1	--	--	0,45
3	--	2	3	3	1,04	3	-	3	3	3	3,48	2	--	2	--	--	0,91
4	--	3	3	3	1,39	4	--	5	1	1	0,64	3	-	3	--	--	1,36
5	--	4	3	3	0,73	5	--	6	2	2	1,79	4	--	4	--	--	1,82
6	-	5	3	3	0,08	6	--	7	3	3	2,95	5	--	5	--	--	2,27
7	--	6	3	2	3,43	7	1	1	1	1	0,11	6	--	6	--	--	2,72
Malter 1	-	-	3	2	1,78	Malter 1	1	2	2	2	1,27	7	--	7	-	--	3,18
2	1	-	1	1	1,55	2	2	5	1	--	1,54	Malter 1	1	--	--	--	3,63
3	2	7	3	-	0,33	3	3	7	3	2	3,82	2	2	--	--	1	3,26
4	3	7	2	2	3,10	4	5	2	2	1	1,09	3	3	-	--	2	1,90
5	4	7	2	1	1,88	5	6	5	-	3	2,36	4	4	--	--	3	2,53
6	5	7	2	--	0,66	6	7	7	3	1	3,63	5	5	--	1	--	2,16
10	9	7	--	2	3,76	10	13	2	1	3	0,72	6	6	--	1	1	1,79
20	19	6	1	1	3,52	20	26	4	3	2	1,44	10	10	-	2	1	0,32
30	29	5	2	--	3,28	30	39	7	1	1	2,16	20	20	1	--	2	0,64
40	39	4	2	3	3,04	40	53	1	3	-	2,88	30	30	1	2	3	0,96
50	49	3	3	2	2,80	50	66	4	-	3	3,60	40	40	2	1	--	1,28
100	98	7	3	1	1,60	100	133	-	1	3	3,20	50	50	2	3	1	1,60
200	197	7	2	2	3,20	200	266	--	3	3	2,40	100	100	5	2	2	3,20
300	296	7	2	--	0,80	300	399	1	1	3	1,60	200	201	3	1	1	2,40
400	395	7	1	1	2,40	400	532	1	3	3	0,80	300	302	1	--	--	1,60
500	494	7	--	3	0,00	500	665	2	1	1	0,00	400	402	6	2	3	0,80

Thut in Korngemäß zu Wirzburg.

Haber-gemäß in	Malter	Metzen	4tel	16tel	64tel	Haber-gemäß in	Malter	Metzen	4tel	16tel	64tel	Haber-gemäß in	Malter	Metzen	4tel	16tel	64tel
Metzen 1/32	---	-	-	--	1,46	Geist. 1/16	—	—	—	--	0,44	Metzen 1/64	—	—	—	1	1,61
1/16	--	-	--	1	1,86	1/4	---	--	—	--	1,79	1/16	—	—	—	1	2,48
1/2	--	-	1	1	3,44	1	—	--	—	1	3,11	1/4	---	—	1	2	1,93
1	--	1	1	3	1,75	2	---	--	3	2	1,23	1	—	1	2	1	3,74
2	---	2	3	2	3,51	3	---	--	1	1	1,34	2	---	—	3	3	3,47
3	---	4	1	u	1,26	4	---	--	1	3	0,46	3	—	4	3	1 3	21
4	---	5	3	1	3,01	5	---	--	1	--	3,57	4	---	6	1	3	2,94
5	--	7	1	1	0,76	6	—	--	2	2	2,68	5	1	—	—	1	2,68
6	1	--	3	--	2,52	7	---	--	3	--	1,80	6	1	1	2	3	2,42
7	1	2	1	-	0,27	8	---	--	3	2	0,91	7	1	3	1,	1	2,15
Malter 1	1	3	2	3	2,02	9	---	1	--	--	0,03	Malter 1	1	4	3	3	1,89
2	2	7	1	3	0,05	Viertel 1	---	1	--	1	3,14	2	3	1	3	2	3,78
3	4	3	--	2	1,07	2	--	2	--	3	2,28	3	4	6	3	2	1 66
4	5	6	3	2	0,10	3	---	3	1	1	1,42	4	6	3	3	1	3,55
5	7	2	2	1	2,12	Simra 1	---	4	1	3	0,16	5	8	-	3	1	1,44
6	8	6	1	1	0,14	2	1	--	3	2	1,13	6	9	5	3	-	3,33
10	14	5	-	3	0,24	3	1	5	1	1	1,69	10	16	1	1	2	2,88
20	29	2	1	2	0,48	4	2	1	3	--	2,26	20	32	3	1	1	1,76
30	43	7	2	1	0,72	5	2	6	--	3	2,82	30	48	5	--		0,64
40	58	4	3	--	0,96	10	5	4	1	3	1,64	40	64	6	2	2	3,52
50	73	1	3	3	1,20	20	11	--	3	2	3,28	50	81	—	1	1	2,40
100	146	3	3	2	2,40	50	16	5	1	2	0,92	100	162	—	2	3	0,80
200	292	7	3	1	0,80	40	22	1	3	1	2,56	200	324	1	1	2	1,60
300	439	3	2	3	3,20	50	27	6	1	1	0,20	300	486	2	--	1	2,40
400	585	7	2	2	1,60	100	55	4	2	2	0,40	400	648	2	3	--	3,20
500	732	3	2	1	0,00	200	111	1	1	--	0,80	500	810	3	2	--	0,00

| Haber-gemäß in | VII. Bischofsheim an der Tauber. | Haber-gemäß in | VIII. Böttigheim. | Haber-gemäß in | IX. Buchen. |

Thut in Korngemäß in Wirzburg.

Haber-gemäß in (VII)	Malter	Mezen	4tel	16tel	64tel	Haber-gemäß in (VIII)	Malter	Mezen	4tel	16tel	64tel	Haber-gemäß in (IX)	Malter	Mezen	4tel	16tel	64tel
Sech. 1/64	—	—	—	—	0,67	Sra 1/64	—	—	—	—	1,20	Sra 1/64	—	—	—	—	0,98
1/16	—	—	—	—	2,69	1/16	—	—	—	1	0,80	1/16	—	—	—	—	3,93
1/4	—	—	—	2	2,78	1/4	—	—	1	—	3,21	1/4	—	—	—	3	3,73
1	—	—	2	2	3,11	1	—	1	—	3	0,85	1	—	—	3	3	2,93
2	—	1	1	1	2,22	2	—	2	1	2	1,70	2	—	1	3	3	1,85
3	—	2	—	—	1,33	3	—	3	2	1	2,56	3	—	2	3	3	0,78
4	—	2	2	3	0,44	4	—	4	3	—	3,41	4	—	3	3	2	3,71
5	—	3	1	1	3,55	5	—	6	—	—	0,16	5	—	4	3	2	2,63
6	—	4	—	—	2,66	6	—	7	—	3	1,11	6	—	5	3	2	1,56
7	—	4	2	3	1,77	7	1	—	1	2	1,96	7	—	6	3	2	0,49
8	—	5	1	2	0,88	Malter 1	1	1	2	1	2,82	Malter 1	—	7	3	1	3,42
9	—	6	—	—	3,99	2	2	3	—	3	1,63	2	1	7	2	3	2,83
10	—	6	2	3	3,10	3	3	4	3	1	0,45	3	2	7	2	1	2,15
11	—	7	1	2	2,21	4	4	6	1	2	3,25	4	3	7	1	3	1,66
Malter 1	1	—	—	1	1,32	5	6	—	—	—	2,08	5	4	7	1	1	1,08
2	2	—	—	2	2,64	6	7	1	2	2	0,90	6	5	7	—	3	0,50
3	3	—	—	3	3,96	10	12	—	—	1	0,16	10	9	6	2	2	2,16
4	4	—	1	1	1,28	20	24	—	—	2	0,32	20	19	5	1	1	0,32
5	5	—	1	2	2,60	30	36	—	—	3	0,48	30	29	3	3	3	2,48
10	10	—	3	1	1,20	40	48	—	1	—	0,64	40	39	2	2	2	0,64
20	20	1	2	2	2,40	50	60	—	1	1	0,80	50	49	1	1	—	2,80
30	30	2	1	3	3,60	100	120	—	2	2	1,60	100	98	2	2	1	1,60
40	40	3	1	1	0,80	200	240	1	1	—	3,20	200	196	5	—	2	3,20
50	50	4	—	2	2,00	300	360	1	3	3	0,80	300	294	7	3	—	0,80
100	101	—	1	1	0,00	400	480	2	2	1	1,40	400	393	2	1	1	2,40
200	202	—	2	2	0,00	500	600	3	1	—	0,00	500	491	4	3	3	0,00

Haber gemäß in	X. Carlstadt.					Haber gemäß in	XI. Derbingen.					Haber gemäß in	XII. Dettelbach.				
	Thut in Korngemäß zu Wirzburg.																
	Malter	Metzen	4tel	16tel	64tel		Malter	Metzen	4tel	16tel	64tel		Malter	Metzen	4tel	16tel	64tel
Metz. 1/64	—	—	—	1	0,38	Gra 1/64	—	—	—	1	0,00	Metz. 1/64	—	—	—	1	0,73
1/16	—	—	—	1	1,54	1/16	—	—	1	0,01	1/16	—	—	—	1	2,94
1/4	—	—	1	1	2,16	1/4	—	—	1	0,04	1/4	—	—	1	2	3,75
1	—	1	1	2	0,64	1	—	—	1	0,14	1	—	—	1	2	3,01
2	—	2	3	—	1,28	2	—	—	2	0,29	2	—	3	1	3	2,02
3	—	4	—	2	1,91	3	—	—	3	0,43	3	—	5	—	3	1,03
4	—	5	2	—	2,55	4	—	—	4	0,58	4	—	6	3	3	0,04
5	—	6	3	2	3,19	5	—	—	5	0,72	5	1	—	2	2	3,05
6	1	—	1	—	3,83	6	—	—	6	0,86	6	1	2	1	2	2,06
7	1	1	2	3	0,47	7	—	—	7	1,01	7	1	4	—	2	1,07
Malter 1	1	3	—	1	1,10	8	1	—	—	1,15	Malter 1	1	5	3	2	0,08
2	2	6	—	2	2,21	9	1	1	—	1,30	2	3	3	3	—	0,16
3	4	1	—	3	3,31	Malter 1	1	2	—	1,44	3	5	1	2	2	0,24
4	5	4	1	1	0,42	2	2	4	—	2,88	4	6	7	2	—	0,32
5	6	7	1	2	1,52	3	3	6	1	0,32	5	8	5	1	2	0,40
6	8	2	1	3	2,62	4	5	—	1	1,76	6	10	3	1	—	0,48
10	13	6	3	—	3,04	5	6	2	1	3,20	10	17	2	3	—	0,80
20	27	5	2	1	2,08	6	7	4	—	0,64	20	34	5	2	—	1,60
30	41	4	1	2	1,12	10	12	4	—	2,40	30	52	—	1	—	2,40
40	55	3	—	3	0,16	20	25	—	1	0,80	40	69	3	—	—	3,20
50	69	1	3	3	3,20	30	37	4	2	3,20	50	86	5	3	1	0,00
100	138	3	3	3	2,40	40	50	—	3	1,60	100	173	3	2	2	0,00
200	276	7	3	3	0,80	50	62	5	—	0,00	200	346	7	1	—	0,00
300	415	3	3	2	3,20	100	125	2	1	0,00	300	520	2	3	2	0,00
400	553	7	3	2	1,60	200	250	4	2	0,00	400	693	6	2	—	0,00
500	692	3	3	2	0,00	300	375	6	3	0,00	500	867	2	—	1	0,00

Thut in Korngemäß zu Wirzburg.

	Malter	Megen	4tel	16tel	64tel		Malter	Megen	4tel	16tel	64tel		Malter	Megen	4tel	16tel	64tel
Mezen $\frac{1}{64}$	--	--	--	--	1,73	Viert. $\frac{1}{64}$	--	--	--	--	1,43	Viert. $\frac{1}{64}$	--	--	--	--	1,08
$\frac{1}{8}$	--	--	--	1	2,94	$\frac{1}{8}$	--	--	--	1	1,73	$\frac{1}{8}$	--	--	--	1	0,34
$\frac{1}{4}$	--	--	1	2	3,77	$\frac{1}{4}$	--	--	1	1	2,94	$\frac{1}{4}$	--	--	1	--	1,35
1	--	1	2	3	3,08	1	--	1	1	2	3,75	1	--	1	--	1	1,41
2	--	3	1	3	2,17	2	--	2	3	1	3, 0	2	--	2	--	2	2,81
3	--	5	--	2	1,5	3	--	4	1	--	3,25	3	--	3	1	--	0,22
4	--	6	3	--	0,33	Simra 1	--	5	2	3	3,00	Simra 1	--	4	1	1	1,62
5	1	--	2	2	3,41	2	1	3	1	1	2,01	2	1	--	2	2	3,25
6	1	2	1	2	,0	3	2	1	--	1	1,01	3	1	5	--	--	0,87
7	1	4	--	2	1,38	4	2	6	3	3	0,02	4	2	1	1	2	2,50
Malter 1	1	5	3	2	0,76	5	3	4	2	2	3, 2	5	2	5	2	3	0,12
2	3	3	1	--	1,33	6	4	2	1	2	2,02	6	3	2	--	--	1,74
3	5	1	2	2	1,99	7	5	--	--	2	1,03	7	3	6	1	1	3,37
4	6	--	2	--	2,66	8	5	5	3	2	0,03	8	4	2	2	3	0,99
5	8	5	1	2	3,32	9	6	3	2	1	3,04	9	4	7	--	--	2,62
6	10	3	--	--	3,58	10	7	1	1	1	2,54	10	5	3	1	2	0,24
10	17	2	3	1	2,64	20	14	2	2	--	0,08	20	10	6	3	--	0,48
20	34	5	2	3	1,28	30	21	4	--	--	2,12	30	16	2	--	2	0,72
30	52	--	2	--	3,92	40	28	5	1	2	0,16	40	21	5	2	--	0,96
40	69	3	1	2	2,56	50	35	6	2	3	2,20	50	27	--	3	2	1,20
50	86	6	1	--	1,20	60	43	--	--	1	0,24	60	32	4	1	--	1,44
100	173	4	2	--	2,40	100	71	5	1	--	0,40	100	54	1	3	--	2,40
200	347	1	--	1	0,80	200	143	2	3	2	0,80	200	108	3	2	1	0,80
300	520	5	2	1	3,20	300	215	--	1	1	1,20	300	162	5	1	1	3,20
400	694	2	--	2	1,60	400	286	5	3	--	1,60	400	216	7	--	2	1,60
500	867	6	2	3	0,00	500	358	3	--	3	2,00	500	271	--	3	3	0,00

Thut in Korngemäß zu Wirzburg.

XVI. Frankfurt am Mayn.

	Malter	Megen	4tel	16tel	64tel
Schroot 1	---	--	-	--	0,33
Mäsch. 1	---	--	-	--	1,34
Geschend 1	---	-	-	1	1,36
Suchter 1	---	-	1	1	1,45
Simra 1	---	1	1	1	1,8
2	--	2	2	2	3,62
3	--	4	--	--	1,42
Malter 1		5	1	1	3,23
2	1	2	2	3	2,46
3	2	--	--	1	1,70
4	2	5	1	3	0,93
5	3	2	3	1	0,16
6	4	--	-	2	3,39
7	4	5	2	--	1,62
8	5	2	3	2	1,86
9	6	-	1	--	1,09
10	6	5	2	2	0,32
20	13	3	1	--	0,6+
30	20	--	3	2	0,96
40	26	6	2	--	1,28
50	33	4	-	2	1,60
100	67	--	1	--	3,20
200	134	--	2	1	2,40
300	201	--	3	2	1,60
400	268	1	--	3	0,80
500	335	1	2	--	0,00

XVII. Freudenberg.

	Malter	Megen	4tel	16tel	64tel
Simra $\frac{1}{64}$	---	--	-	--	0,95
$\frac{1}{16}$	---	--	-	--	3,80
$\frac{3}{4}$	---	--	-	9	3,22
1	---	-	-	3	0,87
2	-	1	3	2	1,7+
3	-	2	3	1	2,61
4	-	3	3	--	3,48
5	---	4	3	--	0,34
6	-	5	2	3	1,21
7	-	6	2	2	2,08
8	-	7	2	1	2,95
9	1	--	2	-	3,82
10	1	1	2	--	0,69
11	1	2	1	3	1,56
Malter 1	1	3	1	2	2,45
2	2	6	3	1	0,86
3	4	2	--	3	3,28
4	5	5	2	2	1,71
5	7	1	--	1	0,14
10	14	2	--	2	0,26
20	28	4	1	--	0,50
30	42	6	1	2	0,84
40	57	--	2	--	1,12
50	71	2	2	2	1,40
100	142	5	1	-	2,80
200	285	2	2	1	1,60

XVIII. Julo.

	Malter	Megen	4tel	16tel	64tel
Maas $\frac{1}{64}$	---	--	--		1,01
$\frac{1}{16}$	---	--	--		0,06
$\frac{1}{4}$	---	--	--	1	0,23
1	---	--	1	--	0,92
2	---	--	2	--	1,83
3	---	--	3	--	1,75
4	---	--	4	--	3,67
5	---	--	5	1	0,58
6	---	--	6	1	1,50
7	--	--	7	1	2,42
Malter 1		1	--	1	3,34
2	2	--	--	3	2,67
3	3	--	1	1	2,01
4	4	--	1	3	1,34
5	5	--	2	1	0,68
6	6	--	2	3	0,02
10	10	1	--	2	1,36
20	20	2	1	--	2,72
30	30	3	1	3	0,08
40	40	4	2	1	1,44
50	50	5	1	3	2,80
100	101	3	1	3	1,60
200	202	6	3	--	3,20
300	304	2	1	2	0,80
400	405	5	3	--	2,40
500	507	1	1	1	0,00

| Haber-gemäß in | XIX. Gerolzhofen. | Haber-gemäß in | XX. Grünsfeld. Bechergemäß. | Haber-gemäß in | XXI. Grünsfeld. gemein.Gemäß. |

Thut in Korngemäß in Wirzburg.

XIX. Gerolzhofen.

Haber-gemäß in	Malter	Regen	4tel	16tel	64tel
Met. 1/64	----	----	----	--	1,61
1/16	----	----	--	1	2,46
1/4	----	----	1	2	1,83
1	----	1	2	1	3,32
2	----	3	--	3	2,64
3	----	4	3	1	1,96
4	----	6	1	3	1,28
5	1	--	--	1	0,60
6	1	1	2	2	3,92
7	1	3	1	--	3,24
Malter 1	1	4	3	2	2,56
2	3	1	3	1	1,12
3	4	6	2	3	3,68
4	6	3	2	2	2,24
5	8	--	2	1	0,80
6	9	5	1	3	3,36
10	16	1	--	2	1,60
20	32	2	1	--	3,20
30	48	3	1	3	0,80
40	64	4	2	1	2,40
50	80	5	3	--	0,00
100	161	3	2	--	0,00
200	322	7	--	--	0,00
300	484	2	2	--	0,00
400	645	6	--	--	0,00
500	807	1	2	--	0,00

XX. Grünsfeld. Bechergemäß.

Haber-gemäß in	Malter	Regen	4tel	16tel	64tel
Bech. 1/64	----	----	----	--	0,81
1/16	----	----	--	--	3,23
1/4	----	----	--	3	0,90
1	----	----	3	--	3,62
2	----	1	2	1	3,24
3	----	2	1	2	2,85
4	----	3	--	3	2,47
5	----	4	--	--	2,09
6	----	4	1	1	1,71
7	----	5	2	2	1,35
8	----	6	1	3	0,94
9	----	7	1	--	0,56
10	1	--	--	1	0,18
11	1	--	3	1	3,80
Malter 1	1	1	2	2	3,42
2	2	3	1	1	2,83
3	3	5	--	--	2,25
4	4	6	2	3	1,66
5	6	--	1	2	1,08
10	12	--	3	--	2,16
20	24	1	2	1	0,32
30	36	2	1	1	2,48
40	48	3	--	2	0,64
50	60	3	3	2	2,80
100	120	7	3	1	1,60
200	241	7	2	2	3,20

XXI. Grünsfeld. gemein.Gemäß.

Haber-gemäß in	Malter	Regen	4tel	16tel	64tel
Met. 1/64	----	----	--	--	0,99
1/16	----	----	--	--	3,97
1/4	----	----	--	3	3,88
1	----	----	3	3	3,53
2	----	1	3	3	3,06
3	----	2	3	3	2,59
4	----	3	3	3	2,12
5	----	4	3	3	1,65
6	----	5	3	3	1,18
7	----	6	3	3	0,71
8	----	7	3	3	0,24
9	1	--	3	2	3,77
Malter 1	1	1	3	2	3,10
2	2	3	3	1	2,60
3	3	5	3	--	1,90
4	4	7	2	3	1,20
5	6	1	2	2	0,50
10	12	3	1	--	1,00
20	24	6	2	--	2,00
30	37	1	3	--	3,00
40	49	5	--	1	0,00
50	61	--	1	1	1,00
100	124	--	2	2	2,00
200	248	1	1	1	0,00
300	372	1	3	3	2,00
400	496	2	2	2	0,00

Thut in Korngemäß zu Würzburg.

	Malter	Megen	4tel	16tel	64tel		Malter	Megen	4tel	16tel	64tel		Malter	Megen	4tel	16tel	64tel
Meg. 1/24				1	0,18	Meet 1/64				--	1,59	Era 1/64					1,41
1/8				3	0,53	1/16				1	2,34	1/16				1	1,65
1/4			1	2	1,07	1/4			1	2	1,38	1/4			1	1	2,61
1		1	2	1	0,29	1		1	2	1	1,50	1			1	2	2,44
2		3	2	0	58	2		3		2	3,01	2		2	3	1	0,88
3		4	2	3	0,87	3		4	3	--	0,51	3		4		3	3,33
4		6	1		1,16	4		6	1	1	2,02	Malter 1		5	2	2	1,77
5		7	3	1	1,45	5		7	3	2	1,52	2	1	3	1		3,54
6	1	1	1	2	1,75	6	1	1	2	--	1,02	3	2	--	3	3	1,30
7	1	2	3	2	2,04	7	1	3	--	1	2,53	4	2	6	2	1	3,07
Malter 1	1	4	2	-	2,33	Malter 1	1	4	2	3	0,03	5	3	4	1		0,84
2	3	1		1	0,66	2	3	1	1	2	0,06	6	4	1	3	2	2,61
3	4	5	2	1	2,28	3	4	6	-	1	0,10	7	4	7	2	1	0,38
4	6	2		2	1,31	4	6	2	3	--	0,13	8	5	5	-	3	2,14
5	7	6	2	2	3,64	5	7	7	1	3	0,16	9	6	2	3		3,91
6	9	3		3	1,97	6	9	4	--	2	0,19	10	7	-	2		1,68
10	15	5	1	1	3,28	10	15	6	3	2	0,32	20	14	1	-		3,36
20	31	2	2	3	2,56	20	31	5	3	-	0,64	30	21	1	2	1	1,04
30	47	-		1	1,84	30	47	4	2	2	0,96	40	28	2	-	1	2,72
40	62	5	1	3	1,12	40	63	3	2	-	1,28	50	35	2	2	2	0,40
50	78	2	3	1	0,40	50	79	2	1	2	1,60	60	42	3	-	2	2,08
100	156	5	2	2	0,80	100	158	4	3	-	3,20	100	70	5	1		0,80
200	313	9	1		1,60	200	317	1	2	1	2,40	200	141	2	2		1,60
300	470	-	3	2	2,40	300	475	6	1	2	1,60	300	211	7	3		2,40
400	626	6	2	-	3,20	400	634	3	-	3	0,80	400	282	5	-		3,20
500	783	4	--	3	0,00	500	793	-	-		0,00	500	353	2	1	1	0,00

Thut in Korngemäß zu Wirzburg.

XXV. Harbheim. Burgmaaß.

	Malter	Megen	4tel	16tel	64tel
Eimer $\frac{1}{32}$	-	-	-	-	0,93
$\frac{1}{16}$	-	-	-	-	3,73
$\frac{1}{4}$	-	-	-	3	2,93
1	-	-	3	2	3,74
2	-	1	3	1	3,48
3	-	2	3	-	3,22
4	-	3	2	3	2,96
5	-	4	2	2	2,70
6	-	5	2	1	1,45
7	-	6	2	-	1,19
8	-	7	1	3	1,93
9	1	-	1	2	1,67
Malter 1	1	1	1	1	1,41
2	2	2	2	2	2,82
3	3	4	-	-	0,23
4	4	5	1	1	1,64
5	5	6	2	2	3,05
10	11	5	1	1	2,10
20	23	2	2	3	0,20
30	35	-	-	-	0,30
40	46	5	1	2	0,40
50	58	2	2	3	2,50
100	116	5	1	3	1,00
200	233	2	3	2	2,00
300	350	-	1	1	3,00
400	466	5	3	1	0,00

XXVI. Harbheim. Dorfmaaß.

	Malter	Megen	4tel	16tel	64tel
Eimer $\frac{1}{32}$	-	-	-	-	0,88
$\frac{1}{16}$	-	-	-	-	3,51
$\frac{1}{4}$	-	-	-	3	2,06
1	-	-	3	2	0,23
2	-	1	3	-	0,45
3	-	2	2	2	0,68
4	-	3	2	-	0,91
5	-	4	1	2	1,13
6	-	5	1	-	1,36
7	-	6	-	2	1,59
8	-	7	-	1	1,82
9	-	7	3	2	2,04
Malter 1	1	-	3	-	2,27
2	2	1	2	1	0,54
3	3	2	1	1	2,81
4	4	3	-	2	1,08
5	5	3	3	2	3,35
10	10	7	3	1	2,70
20	21	7	2	3	1,40
30	32	7	2	1	0,10
40	43	7	1	2	2,80
50	54	7	1	-	1,50
100	109	6	2	-	3,00
200	219	5	-	1	1,00
300	329	3	2	2	1,00
400	439	2	-	3	0,00

XXVII. Haßfurt.

	Malter	Megen	4tel	16tel	64tel
Metzen $\frac{1}{32}$	-	-	-	-	1,89
$\frac{1}{16}$	-	-	-	1	3,56
$\frac{1}{4}$	-	-	1	3	2,13
1	-	1	3	2	0,91
2	-	3	3	-	1,81
3	-	5	2	2	2,72
Scheffel 1	-	7	2	-	3,63
2	1	7	-	1	3,26
3	2	6	2	2	2,88
4	3	6	-	3	2,51
5	4	5	3	-	2,14
6	5	5	1	1	1,77
7	6	4	3	2	1,40
8	7	4	1	3	1,02
9	8	4	-	-	0,65
10	9	3	2	1	0,28
20	18	7	-	2	0,56
30	28	2	2	3	0,84
40	37	6	1	-	1,12
50	47	1	3	1	1,40
60	56	5	1	2	1,68
100	94	3	2	2	2,80
200	188	7	1	1	1,60
300	283	3	-	-	0,40
400	377	6	2	2	3,20
500	472	2	1	1	2,00

Thut in Korngemäß zu Würzburg.

Haber-gemäß in	Malter	Mezen	4tel	16tel	64tel	Malter	Mezen	4tel	16tel	64tel	Malter	Mezen	4tel	16tel	64tel
Simra $\frac{1}{64}$	---	---	---	---	0,64	---	---	---	---	1,16	---	---	---	1	1,30
$\frac{1}{16}$	---	---	---	---	2,56	---	---	---	1	0,63	---	---	---	1	1,21
$\frac{1}{4}$	---	---	---	2	2,26	---	---	1	---	2,53	---	---	---	1	0,86
1	---	---	2	2	1,03	---	---	1	2	2,12	---	---	1	1	3,42
2	---	1	1	---	2,05	---	2	1	1	0,24	---	2	2	1	2,85
3	---	1	3	2	3,07	---	3	1	3	2,36	---	3	3	2	2,18
4	---	2	2	1	0,10	---	4	2	2	0,48	---	5	---	3	1,70
5	---	3	---	3	1,13	---	5	3	---	2,60	---	6	2	---	1,12
6	---	3	3	1	2,15	---	6	3	3	0,72	---	7	3	1	0,55
7	---	4	1	3	3,17	1	---	---	1	2,84	1	1	---	1	3,98
8	---	5	---	2	0,20	Malter 1	1	1	1	---	0,96	Malter 1	1	2	1	2	3,40
Malter 1	---	5	3	---	1,23	2	2	2	2	---	1,92	2	2	4	3	1	2,80
2	1	3	2	---	2,45	3	3	3	3	---	2,88	3	3	7	1	---	2,20
3	2	1	1	---	3,67	4	4	5	---	---	3,84	4	5	1	2	3	1,60
4	2	7	---	1	0,90	5	5	6	1	1	0,80	5	6	4	---	2	1,00
5	3	4	3	1	2,13	6	6	7	2	1	1,76	6	7	6	2	1	0,40
10	7	1	2	3	0,25	10	11	4	2	2	1,60	10	13	---	1	---	2,00
20	14	3	1	2	0,50	20	23	1	1	---	3,20	20	26	---	2	1	0,00
30	21	5	---	1	0,75	30	34	5	3	3	0,80	30	39	---	3	1	2,00
40	28	6	3	---	1,00	40	46	2	2	1	2,40	40	52	1	---	2	0,00
50	36	---	1	3	1,25	50	57	7	1	---	0,00	50	65	1	1	2	2,00
100	72	---	3	2	2,50	100	115	6	2	---	0,00	100	130	2	3	1	0,00
200	144	1	3	1	1,00	200	231	5	---	---	0,00	200	260	5	2	2	0,00
300	216	2	2	3	3,50	300	347	3	2	---	0,00	300	391	---	1	3	0,00
400	288	3	2	2	2,00	400	463	2	---	---	0,00	400	521	3	1	---	0,00
500	360	4	2	1	0,50	500	579	---	2	---	0,00	500	651	6	---	1	0,00

Thut in Korngemäß in Wirzburg.

XXXI. Jagstberg.

Habergemäß in	Malter	Metzen	4tel	16tel	64tel
Metz. 1/64	---	---	--	--	1,26
1/16	---	---	1	1	1,03
1/4	---	1	1		0,11
1	---	1	1		0,43
2	---	2	2		0,87
3	---	3	3		1,30
4	---	5	—		1,73
5	--	6	1	—	2,16
6	---	7	2		2,60
7	1	3	--		3,03
Malter 1	1	2	-		3,46
2	2	4	--		2,93
3	3	6	--	2	2,39
4	5	—	--	3	1,86
5	6	2	1	--	1,32
6	7	4	1	1	0,78
10	12	4	2		2,64
20	25	1	-	1	1,28
30	37	5	2	1	3,92
40	50	2	--		2,56
50	62	6	2	3	1,20
100	125	5	1	2	2,40
200	251	2	3	1	0,80
300	377	—	--	3	3,10
400	502	5	2	1	1,60
500	628	3	--	1	0,00

XXXII. Iphofen.

Habergemäß in	Malter	Metzen	4tel	16tel	64tel
Metz. 1/64	---	---	--	--	1,55
1/16	---	---	--	1	2,21
1/4	---	--	1	2	0,84
1		---	1	2	3,35
2		---	3	--	1 2,70
3		--	4	2	2 2,04
4		---	6	—	3 1,39
5		---	7	3	-- 0,74
6	1	1	1	1	0,09
7	1	2	3	1	1,44
Malter 1	1	4	1	2	2,78
2	3	-	3	1	1,57
3	4	5	1	--	0,35
4	6	1	2	2	3,14
5	7	6	--	1	1,92
6	9	2	2	--	0,70
10	15	4	--	2	3,84
20	31	-	1	1	3,68
30	46	4	2	--	3,52
40	62	--		2	3,36
50	77	4	3	1	3,20
100	155	1	3	1	2,40
200	310	3	2	3	0,80
300	465	5	2	--	3,20
400	620	7	1	2	1,60
500	776	1	1	--	0,00

XXXIII. Kitzingen.

Habergemäß in	Malter	Metzen	4tel	16tel	64tel
Metz. 1/64	---			--	1,61
1/16	---		---	1	2,42
1/4	---		1	2	1,70
1	--	1	2	1	2,78
2	---	3		3	1,57
3	- -	4	3	1	0,36
4	--	6	1	2	3,14
5	1				1,92
6	1	1	2	2	0,71
7	1	3		3	3,50
Malter 1	1	4	3	1	2,28
2	3	1	2	3	0,56
3	4	6	2	--	1,84
4	6	3	1	2	1,12
5	8			3	3,40
6	9	5		1	1,68
10	16		1	3	2,80
20	32		3	3	1,60
30	48	1	1	3	0,40
40	64	1	3	2	3,20
50	80	2	1	2	2,00
100	160	4	3	1	0,00
200	321	1	2	2	0,00
300	481	6	1	3	0,00
400	642	3	1	—	0,00
500	803	—		1	0,00

Thut in Korngemäß zu Wirzburg.

	Malter	Metzen	4tel	16tel	64tel		Malter	Metzen	4tel	16tel	64tel		Malter	Metzen	4tel	16tel	64tel
Meß. 1/64	—				2,16	Bech. 1/64	—			—	0,64	Maaß 1	—				3,98
1/16	—			2	0,63	1/16	—			—	2,55	2	—			1	3,97
1/4	—		2	2	2,52	1/4	—			2	1,21	3	—			2	3,95
1	—	2	2	2	2,06	1	—		2	2	0,83	7	—		1	2	3,89
2	—	4	1	1	0 13	2	—	1	1	—	1.67	10	—		2	1	3,84
3	—	6	1	3	2,19	3	—	1	3	2	2,50	Metzen 1	—		3	1	3,77
Schefel 1	1	—	2	2	0,26	4	—	2	2	—	3,33	2	—	1	2	3	3,54
2	2	1	1	—	0,51	5	—	3	3	0,16	3	—	2	2	1	3,32
3	3	1	3	2	0,77	6	—	3	3	1	1,00	4	—	3	1	3	3,09
4	4	2	2	—	1,02	7	—	4	1	3	1.83	5	—	4	1	1	2,86
5	5	3	—	2	1,28	8	—	5	—	1	2,66	8	—	6	3	3	2,18
6	6	3	3	—	1,54	9	—	5	2	3	3,50	9	—	7	3	1	1,95
7	7	4	1	2	1,79	10	—	6	1	2	0,33	Malter 1	1	—	2	3	1,72
8	8	5	—	—	2,05	11	—	7	—	—	1,16	2	2	1	1	2	3,44
9	9	5	2	2	2,30	Malter 1	—	7	2	2	2,00	3	3	2	—	2	1,16
10	10	6	1	—	2,56	2	1	7	1	—	3,99	4	4	2	3	1	2,88
20	21	4	2	1	1,12	3	2	6	3	3	1,99	5	5	3	2	1	0,60
30	32	2	3	1	3,68	4	3	6	2	1	3 98	10	10	7	—	2	1,20
40	43	1	—	2	2,24	5	4	6	1	—	1,98	20	21	6	1	—	2,40
50	53	7	1	3	0,80	10	9	4	2	—	3,96	30	32	5	1	2	3,60
60	64	5	2	3	3,36	20	19	1	—	1	3,92	40	43	4	2	1	0,80
100	107	6	3	2	1,60	30	28	5	2	2	3,88	50	54	3	2	3	1,00
200	215	5	3	—	3,20	40	38	2	—	3	3,84	100	108	7	1	3	0,00
300	323	4	2	3	0,80	50	47	6	3	—	3,80	200	217	6	3	2	0,00
400	431	3	2	1	2,40	100	95	5	2	1	3,60	300	326	6	1	1	0,00
500	539	2	2	—	0,00	200	191	3	—	3	3,20	400	435	5	3	—	0,00

Thut in Korngemäß zu Würzburg.

XXXVII. Laubenbach a.b.Vorbach.

	Malter	Megen	4tel	16tel	64tel
Megen $\frac{1}{32}$	—	—	—	—	3,97
$\frac{1}{8}$	—	—	—	2	3,92
$\frac{1}{4}$	—	—	1	1	3,85
1	—	1	1	3	3,42
2	—	2	3	3	-,84
3	—	4	1	3	2,26
4	—	5	3	3	1,68
5	—	7	1	3	1,10
6	1	—	3	3	0,52
7	1	2	1	2	3,94
Malter 1	1	3	3	2	3,36
2	2	7	3	1	2,72
3	4	3	3	—	2,08
4	5	7	2	3	1,44
5	7	3	2	2	0,80
6	8	7	2	1	0,16
10	14	7	1	—	1,60
20	29	6	2	—	3,20
30	44	5	3	1	0,80
40	59	5	—	1	2,40
50	74	4	1	2	0,00
100	149	—	3	—	0,00
200	298	1	2	—	0,00
300	447	2	1	—	0,00
400	596	3	—	—	0,00
500	745	3	3	—	0,00

XXXVIII. Marktbibart.

	Malter	Megen	4tel	16tel	64tel
Megen $\frac{1}{32}$	—	—	—	—	1,61
$\frac{1}{8}$	—	—	—	1	2,46
$\frac{1}{4}$	—	—	1	2	1,82
1	—	1	2	1	3,30
2	—	3	-	3	2,59
3	—	4	3	1	1,89
4	—	6	1	3	1,18
5	1	—	—	1	0,48
6	1	1	2	2	3,78
7	1	3	1	—	3,07
Malter 1	1	4	3	2	2,37
2	3	1	3	1	0,74
3	4	6	2	3	3,10
4	6	3	2	2	1,47
5	8	—	2	—	3,84
6	9	5	1	3	2,21
10	16	1	—	1	3,68
20	32	2	—	3	3,36
30	48	3	1	1	3,04
40	64	4	1	3	2,72
50	80	5	2	1	2,40
100	161	3	—	3	0,80
200	322	6	1	2	1,60
300	484	1	2	1	2,40
400	645	4	3	—	3,20
500	807	—	—	—	0,00

XXXIX. Maynf.

	Malter	Megen	4tel	16tel	64tel
Schrot 1	—	—	—	—	0,31
Mäßch. 1	—	—	—	—	1,26
Geschcib 1	—	—	—	1	1,02
Kümpf 1	—	—	1	1	0,09
Vierns. 1	—	1	1	—	0,38
2	—	2	2	—	0,75
3	—	3	3	—	1,13
Malter 1	—	5	—	—	1,50
2	1	2	—	—	3,01
3	1	7	—	1	0,51
4	2	4	-	1	2,02
5	3	1	—	1	3,52
6	3	6	—	2	1,02
7	4	3	—	2	2,53
8	5	—	-	3	0,03
9	5	5	—	3	1,54
10	6	2	—	3	3,04
20	12	4	1	3	2,08
30	18	6	2	3	1,12
40	25	—	3	3	0,16
50	31	3	—	2	3,20
100	62	6	1	1	2,40
200	125	4	2	3	0,80
300	188	3	—	—	3,20
400	251	1	1	2	1,60
500	313	7	3	—	0,00

Thut in Korngemäß zu Wirzburg.

XL. Mellrichstadt.

Haber-gemäß in	Malter	Metzen	4tel	16tel	64tel
Maas 1/64	—	—	—	—	1,01
1/16	—	—	—	1	0,04
1/4	—	—	1	—	0,14
1	—	—	1	—	0,56
2	—	—	2	—	1,12
3	—	—	3	—	1,69
4	—	—	4	—	2,25
5	—	—	5	—	2,81
6	—	—	6	—	3,37
7	—	—	7	—	3,93
Malter 1	1	—	—	1	0,50
2	2	—	—	2	0,99
3	3	—	—	3	1,49
4	4	—	1	—	1,98
5	5	—	1	1	2,48
6	6	—	1	2	2,98
10	10	—	2	3	0,96
20	20	1	1	2	1,92
30	30	2	—	1	2,88
40	40	2	3	—	3,84
50	50	3	2	—	0,80
100	100	7	—	—	1,60
200	201	6	—	—	3,20
300	302	5	—	1	0,80
400	403	4	—	1	2,40
500	504	3	—	2	0,00

XLI. Mergentheim.

Haber-gemäß in	Malter	Metzen	4tel	16tel	64tel
Mäß 1/64	—	—	—	—	1,04
1/16	—	—	—	1	0,17
1/4	—	—	1	—	0,68
1	—	—	1	—	2,72
2	—	—	2	—	1,44
3	—	—	3	—	2 0,16
4	—	—	4	—	2 2,88
5	—	—	5	—	3 1,60
6	—	—	6	1	0,32
7	—	—	7	1	3,04
8	1	—	—	1	1 1,76
9	1	1	1	2	0,48
10	1	2	1	2	3,20
11	1	3	1	3	1,92
Malter 1	1	4	2	—	0,64
2	3	1	—	—	1,28
3	4	5	2	—	1,92
4	6	2	—	—	2,56
5	7	6	2	—	3,20
10	15	5	—	1	2,40
20	31	2	—	3	0,80
30	46	7	1	—	3,20
40	62	4	1	2	1,60
50	78	1	2	—	0,00
100	156	3	—	—	0,00
200	312	6	—	—	0,00

XLII. Miltenberg.

Haber-gemäß in	Malter	Metzen	4tel	16tel	64tel
Simra 1/64	—	—	—	—	0,90
1/16	—	—	—	—	3,60
1/4	—	—	—	3	2,40
1	—	—	3	2	1,59
2	—	1	3	—	3,19
3	—	2	3	3	0,78
4	—	3	2	1	2,37
5	—	4	2	3	3,96
6	5	1	2	1	1,56
7	6	1	—	1	3,15
8	7	—	3	—	0,74
9	1	—	—	1	2,34
10	1	—	3	3	3,93
11	1	1	3	2	1,52
Malter 1	1	2	3	—	3,12
2	2	5	2	1	2,23
3	4	—	1	2	1,35
4	5	3	—	3	0,46
5	6	5	3	3	3,58
10	13	3	3	3	3,16
20	26	7	3	3	2,32
30	40	3	3	3	1,48
40	53	7	3	3	0,64
50	67	3	3	2	3,80
100	134	7	3	1	3,60
200	269	7	2	3	3,20

Haber-gemäß in	XLIII. Münnerstabt.					Haber-gemäß in	XLIV. Neubrunn.					Haber-gemäß in	XLV. Neustadt an der Saal.				
	Thut in Korngemäß in Wirzburg.																
	Malter	Megen	4tel	16tel	64tel		Malter	Megen	4tel	1tel	64tel		Malter	Megen	4tel	16tel	64tel
Mtz. 1/64	---	---	--	--	1,93	Sra 1/64	---	--	--	--	1,24	Maaß 1/64	---	---	--	--	1,01
1/16	---	---	--	1	3,72	1/16	---	--	--	1	0,98	1/16	---	---	--	1	0,38
1/4	---	---	1	3	2,88	1/4	---	--	1	--	3,91	1/4	---	---	1	--	1,53
1	---	1	3	2	3,53	1	---	1	--	3	3,64	1	--	1	--	1	2,14
2	---	3	3	1	3,05	2	---	2	1	3	3,28	2	---	2	--	3	0,27
3	---	5	3	--	2,58	3	---	3	2	3	2,92	3	---	3	1	--	2,41
Achtel 1	---	7	2	3	2,10	4	---	4	3	3	2,56	4	--	4	1	2	0,54
2	1	7	1	3	0,21	5	---	6	--	3	2,20	5	-	5	1	3	2,67
3	2	7	--	2	2,31	6	---	7	1	3	1,84	6	---	6	2	1	0,81
4	3	6	3	2	0,42	7	1	--	2	3	1,48	7	---	7	2	2	2,95
5	4	6	2	1	2,52	Malter 1	1	1	3	3	1,12	Malter 1	1	--	3	--	1,08
6	5	6	1	1	0,62	2	2	3	3	2	2,24	2	2	1	2	--	2,16
7	6	6	--	--	2,73	3	3	5	3	1	1,36	3	3	2	1	--	3,14
8	7	5	3	--	0,83	4	4	7	3	1	0,48	4	4	3	--	1	0,32
9	8	5	1	3	2,94	5	6	1	3	--	1,60	5	5	3	3	1	1,40
10	9	5	--	3	1,04	6	7	3	2	3	2,72	6	6	4	2	1	2,48
20	19	2	1	2	2,08	10	12	3	2	--	3,20	10	10	7	2	2	2,80
30	28	7	2	1	3,12	20	24	7	--	1	2,40	20	21	7	1	1	1,60
40	38	4	3	1	0,16	30	37	2	2	2	1,60	30	32	7	--	--	0,40
50	48	2	--	--	1,20	40	49	6	--	3	0,80	40	43	6	2	2	3,20
60	57	7	--	3	2,24	50	62	1	3	--	0,00	50	54	6	1	1	1,00
100	96	4	--	--	2,40	100	124	3	2	--	0,00	100	109	4	2	3	0,00
200	193	--	--	1	0,80	200	248	7	--	--	0,00	200	219	1	1	2	0,00
300	289	4	--	1	3,20	300	373	2	1	--	0,00	300	328	6	--	1	0,00
400	386	--	--	2	1,60	400	497	6	--	--	0,00	400	438	2	3	--	0,00
500	482	4	--	3	0,00	500	622	1	2	--	0,00	500	547	7	1	3	0,00

Haber gemäß in	XLVI. Nürnberg.	Haber gemäß in	XLVII. Oberschwarzach.	Haber gemäß in	XLVIII. Ochsenfurt.

Thut in Korngemäß zu Wirzburg.

XLVI. Nürnberg.

	Malter	Metzen	4tel	16tel	64tel
Mez. 1/64	—	—	—	—	0,87
1/16	—	—	—	—	3,47
1/4	—	—	—	3	1,88
1	—	—	3	1	3,51
2	—	1	2	3	3,03
3	—	2	2	1	2,54
4	—	3	1	3	2,05
5	—	4	1	1	1,56
6	—	5	3		1,09
7	—	6	—	1	0,59
8	—	6	3	3	0,10
9	—	7	3	—	3,62
10	1	—	2	2	3,13
20	2	1	1	1	2,26
30	3	1			1,39
Malter 1	3	3	3		0,42
2	6	7	2		0,83
3	10	3	1		1,25
4	13	7	—		1,66
5	17	2	3		2,08
10	34	5	2	1	0,16
20	69	3	—	2	0,32
30	104		2	3	0,48
40	138	6	1		0,64
100	346	7	2	2	1,60
200	693	7	1		3,20

XLVII. Oberschwarzach.

	Malter	Metzen	4tel	16tel	64tel
Mez. 1/64	—	—	—		1,66
1/16	—	—	—	1	2,64
1/4	—	—	1	2	2,54
1	—	—	1	2	2,18
2	—	3	1	1	0,36
3	—	4	3	3	2,55
4	—	6	2	2	0,73
5	1	—	1		2,91
6	1	1	3	3	1,09
7	1	3	2	1	3,27
Malter 1	1	5	1		1,46
2	3	2	2		2,91
3	4	7	3	1	0,37
4	6	5			1,82
5	8	2	1	1	3,28
6	9	7	2	2	0,74
10	16	4	2	3	2,56
20	33	1	1	3	1,12
30	49	6	—	2	3,68
40	66	2	3	2	2,24
50	82	7	2	2	0,80
100	165	7	1	—	1,60
200	331	6	2	—	3,20
300	497	5	3	1	0,80
400	663	5		1	2,40
500	829	4	1	2	0,00

XLVIII. Ochsenfurt.

	Malter	Metzen	4tel	16tel	64tel
Metzen 1/64	—	—	—		1,57
1/16	—	—	—	1	2,28
1/4	—	—	1	2	1,12
1	—	—	1	2	0,47
2	—	3		2	0,93
3	—	4	2	3	1,40
4	—	6	1		1,86
5	—	7	3	1	2,33
6	1	1	1	2	2,80
7	1	2	3	3	3,26
Malter 1	1	4	2		3,73
2	3	1	—	1	3,46
3	4	5	2	2	3,18
4	6	2	—	3	2,91
5	7	6	3	—	2,64
6	9	3	1	1	2,37
10	15	5	2	1	1,28
20	31	3	—	2	2,56
30	47	—	2	3	3,84
40	62	6	1	1	1,12
50	78	3	3	2	2,40
100	156	7	3	1	0,80
200	313	7	2	2	1,60
300	470	7	1	3	2,40
400	627	7	1	—	3,20
500	784	7	—	2	0,00

Thut in Korngemäß zu Würzburg.

XLIX. Remlingen.

Haber-gemäß in	Malter	Mezen	4tel	16tel	64tel
Emmer 1/64	-	-	-	-	0,96
1/16	-	-	-	-	3,84
1/4	-	-	-	3	3,36
1	-	-	3	3	1,43
2	-	1	3	2	2,87
3	-	2	3	2	0,30
4	-	3	3	1	1,73
5	-	4	3	-	3,16
6	-	5	3	-	0,60
7	-	6	2	3	2,03
8	-	7	2	2	3,16
9	1	-	2	2	0,90
Malter 1	1	1	2	1	2,33
2	2	3	-	3	0,66
3	3	4	3	-	2,99
4	4	6	1	2	1,32
5	5	7	3	3	3,65
10	11	7	3	3	3,30
20	23	7	3	3	2,60
30	35	7	3	3	1,90
40	47	7	3	3	1,20
50	59	7	3	3	0,50
100	119	7	3	2	1,00
200	239	7	3	-	2,00
300	359	7	2	2	3,00
400	479	7	2	1	0,00

L. Röttingen.

Haber-gemäß in	Malter	Mezen	4tel	16tel	64tel
Mezen 1/64	-	-	-	-	1,47
1/16	-	-	-	1	1,90
1/4	-	-	1	1	3,60
1	-	1	1	3	2,39
2	-	2	3	3	0,78
3	-	4	1	2	3,17
4	-	5	3	2	1,56
5	-	7	1	1	3,95
6	1	-	3	1	2,35
7	1	2	1	1	0,4
Malter 1	1	3	3	-	3,13
2	2	7	2	1	1,26
3	4	3	1	2	1,38
4	5	7	-	3	0,51
5	7	2	3	3	3,64
6	8	6	3	-	2,77
10	14	5	3	3	3,28
20	29	3	3	3	2,56
30	44	1	1	3	1,84
40	58	7	3	3	1,12
50	73	5	3	3	0,40
100	147	3	3	2	0,80
200	294	7	3	-	1,60
300	442	3	2	2	2,40
400	589	7	2	-	3,20
500	737	3	1	3	0,00

LI. Rotenburg an der Tauber.

Haber-gemäß in	Malter	Mezen	4tel	16tel	64tel
Mez 1/64	-	-	-	-	1,78
1/16	-	-	-	1	3,14
1/4	-	-	1	3	0,17
1	-	1	3	-	2,27
2	-	3	2	1	0,54
3	-	5	1	1	2,81
4	-	7	-	2	1,08
5	1	-	3	2	3,34
6	1	2	2	3	1,61
7	1	4	1	3	3,88
Malter 1	1	6	1	-	2,15
2	3	4	2	1	0,30
3	5	2	3	1	2,46
4	7	1	-	2	0,61
5	8	7	1	2	2,76
6	10	5	2	3	0,91
10	17	6	3	1	1,52
20	35	5	2	2	3,04
30	53	4	2	-	0,56
40	71	3	1	1	2,08
50	89	2	-	2	3,60
100	178	4	1	1	3,20
200	357	-	2	3	2,40
300	535	5	-	1	1,60
400	714	1	1	3	0,80
500	892	5	3	1	0,00

Thut in Korngemäß zu Wirzburg.

LII. Rotenfels

Haber gemäß in	Malter	Mezen	4tel	16tel	64tel
Mezen 1/64	--	--	--	--	1,37
1/8	--	--	--	1	1,49
1/4	--	--	1	1	1,97
1	--	1	1	1	3,86
2	--	2	2	3	3,73
3	--	4	--	1	3,59
4	--	5	1	3	3,45
5	--	6	3	1	3,31
6	1	--	--	3	3,18
7	1	1	2	1	3,04
Malter 1	1	2	3	3	2,90
2	2	5	3	3	1,81
3	4	--	--	3	0,71
4	5	3	3	2	3,62
5	6	6	3	2	2,52
6	8	1	3	2	1,42
10	13	5	3	1	1,04
20	27	3	2	2	2,08
30	41	1	1	3	3,12
40	54	7	1	1	0,16
50	68	5	--	2	1,20
100	137	2	1	--	2,40
200	274	4	2	1	0,80
300	411	6	3	1	3,20
400	549	1	1	2	1,60
500	686	3	1	3	0,00

LIII. Schlüsselfeld

Haber gemäß in	Malter	Mezen	4tel	16tel	64tel
Mezen 1/64	--	--	--	--	1,70
1/8	--	--	--	1	2,78
1/4	--	--	1	2	3,14
1	--	1	2	3	0,56
2	--	3	1	2	1,12
3	--	5	--	1	1,68
4	--	6	3	--	2,24
5	1	--	1	3	2,79
6	1	2	--	2	3,35
7	1	3	3	1	3,91
Malter 1	1	5	2	1	0,74
2	3	3	--	2	0,94
3	5	--	2	3	1,42
4	6	6	1	--	1,89
5	8	3	3	1	2,36
6	10	1	1	2	2,83
10	16	7	2	3	0,72
20	33	7	1	2	1,44
30	50	7	--	1	2,16
40	67	6	3	--	2,88
50	84	6	1	3	3,60
100	169	4	3	3	3,20
200	339	1	3	3	2,40
300	508	6	3	3	1,60
400	678	3	3	3	0,80
500	848	--	3	3	0,00

LIV. Schweinfurt

Haber gemäß in	Malter	Mezen	4tel	16tel	64tel
Mezen 1/64	--	--	--	--	1,71
1/8	--	--	--	1	2,85
1/4	--	--	--	1	3,40
1	--	1	2	3	1,62
2	--	3	1	2	3,23
3	--	5	--	2	0,85
4	--	6	3	1	2,46
5	1	--	2	1	0,08
6	1	2	1	--	1,70
7	1	3	3	3	3,31
Malter 1	1	5	2	3	0,93
2	3	3	1	2	1,86
3	5	1	--	1	2,78
4	6	6	3	--	3,71
5	8	4	2	--	0,64
6	10	2	--	3	1,57
10	17	1	--	--	1,28
20	34	2	--	--	2,56
30	51	3	--	--	3,84
40	68	4	--	1	1,12
50	85	5	--	1	2,40
100	171	2	--	3	0,80
200	342	4	1	2	1,60
300	513	6	2	1	2,40
400	685	--	3	--	3,20
500	856	3	--	--	0,00

Thut in Korngemäß in Wirzburg.

Haber-gemäß in	Malter	Megen	4tel	16tel	64tel	Haber-gemäß in	Malter	Megen	4tel	16tel	64tel	Haber-gemäß in	Malter	Megen	4tel	16tel	64tel
Viert. 1/64	---	---	--	--	1,37	Säßl. 1/4	---	--	--	--	0,74	Req. 1/64	---	--	--	1	1,63
1/16	---	---	--	1	1,48	1	---	--	--	--	2,96	1/16	---	---	--	1	2,51
1/4	---	---	1	1	1,93	Immel 1	---	--	--	2	3,62	1/4	---	--	1	2	2,05
1	---	1	1	1	3,73	Simra 1	--	--	--	2	2,50	1	---	1	2	2	0,21
2	---	2	2	3	3,47	2	---	1	1	3	0,99	2	---	3	1	--	0,41
3	---	4	--	1	3,20	3	---	2	--	2	3,48	3	--	4	3	2	0,62
Simra 1	---	5	1	3	2,94	4	---	2	3	2	1,98	4	--	6	2	--	0,83
2	1	2	3	3	1,87	5	--	3	2	2	0,48	5	1	--	--	2	1,04
3	2	--	1	3	0,81	6	---	4	1	1	2,97	6	1	1	3	--	1,24
4	2	5	3	2	3,74	7	--	5	--	1	1,46	7	1	3	1	2	1,45
5	3	3	1	2	2,68	8	---	5	3	--	3,96	Malter 1	1	5	--	--	1,66
6	4	--	3	2	1,62	Malter 1	--	6	2	--	2,46	2	3	2	--	--	3,31
7	4	6	1	2	0,55	2	1	5	--	1	0,91	3	4	7	--	1	0,97
8	5	3	3	1	3,49	3	2	3	2	1	3,36	4	6	4	--	1	2,62
9	6	1	1	1	2,42	4	3	2	--	2	1,82	5	8	1	--	2	0,28
10	6	6	3	1	1,36	5	4	--	2	3	0,28	6	9	6	--	2	1,94
20	13	5	2	2	2,72	10	8	1	1	2	0,55	10	16	2	1	--	0,56
30	20	4	2	--	0,08	20	16	2	3	--	1,10	20	32	4	2	--	1,12
40	27	3	1	1	1,44	30	24	4	--	2	1,65	30	48	6	3	--	1,68
50	34	2	--	2	2,80	40	32	5	2	--	2,20	40	65	1	--	--	2,24
60	41	1	--	--	0,16	50	40	6	3	2	2,75	50	81	3	1	--	2,80
100	68	4	1	1	1,60	100	81	5	3	1	1,50	100	162	6	2	1	1,60
200	137	--	2	2	3,20	200	163	3	1	2	3,00	200	325	5	--	2	3,20
300	205	5	--	--	0,80	300	245	1	2	--	0,50	300	488	3	3	--	0,80
400	274	1	1	1	2,40	400	326	7	1	1	2,00	400	651	2	1	1	2,40
500	342	5	2	3	0,00	500	408	5	--	2	3,50	500	814	--	5	3	0,00

Thut in Korngemäß zu Wirzburg.

LVIII. Stadtschwarzach

Habers gemäß in	Malter	Metzen	4tel	16tel	64tel
Metz. 1/64	—	—	—	—	1,63
1/16	—	—	—	1	2,54
1/4	—	—	1	2	2,15
1	—	1	1	:	0,58
2	—	3	1	—	1,16
3	—	4	3	2	1,74
4	—	6	2	—	2,32
5	1	—	—	2	2,89
6	1	1	3	—	3,47
7	1	3	1	3	0 05
Malter 1	1	5	—	1	0,63
2	3	2	—	2	1,26
3	4	7	—	3	1,90
4	6	4	1	—	2,53
5	8	1	1	1	3,16
6	9	6	1	2	3,79
10	16	2	2	3	2,32
20	32	5	1	3	0,64
30	49	—	—	2	2,96
40	65	2	3	2	1,28
50	81	5	2	1	3,60
100	163	3	—	3	3,20
200	326	6	1	3	2,40
300	490	1	2	3	1,60
400	653	4	3	3	0,80
500	817	—	—	3	0,00

LIX. Sulzfeld im Grabfeld.

Habers gemäß in	Malter	Metzen	4tel	16tel	64tel
Metz. 1/64	—	—	—	—	1,40
1/16	—	—	—	1	1,60
1/4	—	—	1	1	2,41
1	—	1	1	2	1,64
2	—	2	3	—	3 28
3	—	4	—	3	0,92
4	—	5	2	1	2,56
5	—	7	—	—	0,19
Scheffel 1	1	—	1	2	1,83
2	2	—	3	—	3,67
3	3	1	—	3	1,50
4	4	1	2	—	3,34
5	5	2	—	—	1,17
6	6	2	1	2	3,00
7	7	2	3	1	0,84
10	10	4	—	—	2,34
20	21	—	—	1	0,68
30	31	4	—	1	3,02
40	42	—	—	2	1,36
50	52	4	—	2	3,70
60	63	—	—	3	2,04
100	105	—	1	1	3,40
200	210	—	2	3	2,80
300	315	1	—	1	2,20
400	420	1	1	3	1,60
500	525	1	3	1	1,00

LX. Tann.

Habers gemäß in	Malter	Metzen	4tel	16tel	64tel
Maas 1/64	—	—	—	—	1,22
1/16	—	—	—	1	0,88
1/4	—	—	1	—	3,52
1	—	1	—	3	2,08
2	—	2	1	3	0,15
3	—	3	2	2	1,23
4	—	4	3	2	0,31
5	—	6	—	1	2,38
6	—	7	1	1	0,46
7	1	—	:	—	2,54
Malter 1	1	1	3	—	0,62
2	2	3	2	—	1,23
3	3	5	1	—	1,85
4	4	7	—	—	2,46
5	6	—	3	—	3,08
6	7	2	2	—	3,70
10	12	1	2	1	2,16
20	24	3	—	3	0,32
30	36	4	3	—	2,48
40	48	6	1	2	0,64
50	60	7	3	3	2,80
100	121	7	3	3	1,60
200	243	7	3	2	3,20
300	365	7	3	2	0,80
400	487	7	3	1	2,40
500	609	7	3	1	0,00

Thut in Korngemäß zu Würzburg.

LXI. Vollach.

Metzen/Malter	Malter	Metzen	4tel	16tel	64tel
1/32	—	—	—	—	1,74
1/16	—	—	—	—	2,96
1/4	—	—	1	2	3,85
1	—	1	2	3	3,42
2	—	3	1	3	2,83
3	—	5	—	3	2,25
4	—	6	3	3	1,67
5	1	—	2	3	1,08
6	1	2	1	3	0,50
7	1	4	—	2	3,02
Malter 1	1	5	3	2	3,34
2	3	3	3	1	2,67
3	5	1	3	—	2,01
4	6	7	2	3	1,34
5	8	5	2	2	0,68
6	10	3	1	1	0,02
10	17	3	1	—	1,36
20	34	6	2	—	2,72
30	52	1	3	1	0,08
40	69	5	—	1	1,44
50	87	—	1	1	2,80
100	174	—	2	3	1,60
200	348	1	1	2	3,20
300	522	2	—	2	0,80
400	696	2	3	1	2,40
500	870	3	2	1	0,00

LXII. Wertheim.

Eimer/Malter	Malter	Metzen	4tel	16tel	64tel
1/32	—	—	—	—	1,28
1/16	—	—	—	1	1,12
1/4	—	—	1	—	0,49
1	—	1	1	—	1,97
2	—	2	2	—	3,93
3	—	3	3	1	1,90
4	—	5	—	1	3,87
5	—	6	1	2	1,83
6	—	7	2	2	3,80
7	1	—	3	3	1,77
Malter 1	1	2	—	3	3,74
2	2	4	1	3	3,47
3	3	6	2	3	3,21
4	5	—	3	3	2,94
5	6	3	—	3	2,68
6	7	5	1	3	2,42
10	12	6	1	3	1,36
20	25	4	3	2	2,72
30	38	3	1	2	0,08
40	51	1	3	1	1,44
50	64	—	1	—	2,80
100	128	—	2	1	1,60
200	256	1	—	2	3,20
300	384	1	3	—	0,80
400	512	2	1	1	2,40
500	640	2	3	3	0,00

LXIII. Windsheim.

Metz./Malter	Malter	Metzen	4tel	16tel	64tel
1/24	—	—	—	1	0,55
1/8	—	—	—	3	1,64
1/4	—	—	1	3	3,28
1	—	1	2	3	1,12
2	—	3	1	2	2,23
3	—	5	—	1	3,35
4	—	6	3	1	0,46
5	1	—	2	—	1,17
6	1	2	—	3	2,69
7	1	3	3	2	3,80
Malter 1	1	5	2	2	0,92
2	3	3	1	—	1,84
3	5	—	3	2	2,76
4	6	6	2	—	3,68
5	8	4	—	3	0,60
6	10	1	3	1	1,52
10	17	—	1	2	1,20
20	34	—	3	—	2,40
30	51	1	—	2	3,60
40	68	1	2	1	0,80
50	85	1	3	—	2,00
100	170	3	3	3	0,00
200	340	7	3	2	0,00
300	511	3	3	1	0,00
400	681	7	3	—	0,00
500	852	3	2	3	0,00

Habers gemäß in	LXIV. Wirzburg.					Habers gemäß in	LXV. Würtenberg.				
	Malter	Metzen	4tel	16tel	64tel		Malter	Metzen	4tel	16tel	64tel
Rch. 1/64	—	—	—	—	1,54	Simri 1/64	—	—	—	—	1.03
1/16	—	—	—	1	2,18	1/16	—	—	—	1	0,11
1/4	—	—	1	2	0.71	1/4	—	—	—	1	0,44
1	—	1	2	—	2,83	1	—	1	—	—	1,75
2	—	3	1	1	1,67	2	—	2	—	—	3,50
3	—	4	2	2	0,50	3	—	3	—	1	1,26
4	—	6	—	2	3,33	4	—	4	—	1	3,01
5	—	7	2	3	2,16	5	—	5	—	2	0,76
6	1	1	1	—	1,00	6	—	6	—	2	2,51
7	1	2	3	—	3,83	7	—	7	—	3	0,26
8	1	4	1	1	2,66	Scheffel 1	1	—	—	3	2,02
9	1	5	3	2	1,50	2	2	—	1	3	0,03
10	1	7	1	3	0,33	3	3	—	2	2	1,05
11	2	—	3	3	3,16	4	4	—	3	2	0 06
Malter 1	2	2	2	—	1,00	5	5	1	—	1	2,08
2	4	5	—	1	0,00	6	6	1	1	1	0,10
3	6	7	2	1	1,99	10	10	2	—	3	0,16
4	9	2	—	1	3,98	20	20	4	1	2	0,32
5	11	4	2	2	1,98	30	30	6	2	1	0,48
10	23	1	1	—	3,96	40	41	—	3	—	0,64
20	46	2	2	1	3,92	50	51	2	3	3	0,80
30	69	3	3	2	3,88	100	102	5	3	2	1,60
40	92	5	—	3	3,84	200	205	3	3	—	3,20
50	115	6	2	—	3,80	300	308	1	2	3	0.80
100	231	5	—	1	3,60	400	410	7	2	1	2,40
200	463	2	—	3	3,20	500	513	5	2	—	0,00

Thut in Korngemäß zu Wirzburg.

Druckfehler.

In der Einleitung Seite 1 Zeile 2 statt Thätgkeit ließ Thätigkeit

— — — 5 — Stadt-Kornmaaß ließ Stadt-Baumaaß

I Abtheilung Tab. XIV bey 5 Wirzburger Kornmetzen hinüber ließ |—| 3| 1| 3|3,22|

— XXXI bey 2 Wirzburger Kornmetzen hinüber ließ |—| 1| 2| 1|1,84|

— LV bey 6 Wirzburger Kornmetzen hinüber ließ | 1|—| 1| 3|3,98|

— LVII bey 100 Wirzburger Kornmalter hinüber ließ |6| 3| 1| 1|0,80|

— LXIV bey 1/16 Wirzburger Kornmetzen hinüber ließ |—|—|—|—|2,59|

II Abtheilung Tab. XXI bey 1 Malter ließ | 1| 1| 3| 2|3,30|

— — bey 100 Malter — |124|—| 2| 2|2,∞|

— XXII bey 2 Metzen — | —| 3|—| 2|0,58|

— XXIV bey 9 Malter — | 6| 2| 3| 1|3,91|

— XLII bey 3 Simra — | —| 2| 2| 3|0,78|

— XLV bey 1/64 Maaß — | —|—|—|—|1,10|

— L bey 30 Malter — | 44| 1| 3| 3|1,34|

— LIII bey 1 Malter — | 1| 5| 2| 1|0,47|

— LXIII bey 4 Metzen — | —| 6| 3| 1|0,46|

Thut in Korngemäß zu Wirzburg.

	Malter	Mezen	4tel	16tel	64tel		Malter	Mezen	4tel	16tel	64tel		Malter	Mezen	4tel	16tel	64tel
Maaß $\frac{1}{64}$	—	—	—	—	1,01	Mäß $\frac{1}{64}$	—	—	—	—	1,04	Simra $\frac{1}{64}$	—	—	—	—	0,90
$\frac{1}{16}$	—	—	—	1	0,04	$\frac{1}{16}$	—	—	—	1	0,17	$\frac{1}{16}$	—	—	—	—	3,60
$\frac{1}{4}$	—	—	1	—	0,14	$\frac{1}{4}$	—	—	1	—	0,68	$\frac{1}{4}$	—	—	—	3	2,40
1	—	1	—	—	0,56	1	—	1	—	—	2,71	1	—	—	3	2	1,59
2	—	2	—	—	1,12	2	—	2	—	1	1,44	2	—	1	3	—	3,19
3	—	3	—	—	1,69	3	—	3	—	2	0,16	3	—	2	3	3	0,78
4	—	4	—	—	2,25	4	—	4	—	2	1,88	4	—	3	2	1	1,37
5	—	5	—	—	2,81	5	—	5	—	3	1,60	5	—	4	1	3	3,96
6	—	6	—	—	3,37	6	—	6	1	—	0,32	6	—	5	1	2	1,56
7	—	7	—	—	3,93	7	—	7	1	—	3,04	7	—	6	1	—	3,15
Malter 1	1	—	—	1	0,50	8	1	—	1	1	1,76	8	—	7	—	3	0,74
2	2	—	—	2	0,99	9	1	1	1	2	0,48	9	1	—	—	1	2,34
3	3	—	—	3	1,49	10	1	2	1	2	3,20	10	1	—	3	3	3,93
4	4	—	1	—	1,98	11	1	3	1	3	1,92	11	1	1	3	2	1,52
5	5	—	1	1	2,48	Malter 1	1	4	2	—	0,64	Malter 1	1	2	3	—	3,12
6	6	—	1	2	2,98	2	3	1	—	—	1,28	2	2	5	2	1	2,23
10	10	—	2	3	0,96	3	4	5	2	—	1,92	3	4	—	1	2	1,35
20	20	1	1	2	1,92	4	6	2	—	—	2,56	4	5	3	—	3	0,46
30	30	2	—	1	2,88	5	7	6	2	—	3,20	5	6	5	3	3	3,58
40	40	2	3	—	3,84	10	15	5	—	1	2,40	10	13	3	1	3	3,16
50	50	3	2	—	0,80	20	31	2	—	3	0,80	20	26	7	3	3	2,32
100	100	7	—	—	1,60	30	46	7	1	—	3,20	30	40	3	3	3	1,48
200	201	6	—	—	3,20	40	62	4	1	2	1,60	40	53	7	3	3	0,64
300	302	5	—	1	0,80	50	78	1	2	—	0,00	50	67	3	3	2	3,80
400	403	4	—	1	2,40	100	156	3	—	—	0,00	100	134	7	3	1	3,60
500	504	3	—	2	0,00	200	312	6	—	—	0,00	200	269	7	2	3	3,20

Haber- gemäß in	XLIII. Münnerstadt.					Haber- gemäß in	XLIV. Neubrunn.					Haber- gemäß in	XLV. Neustadt an der Saal.				
	Thut in Korngemäß in Würzburg.																
	Malter	Metzen	4tel	16tel	64tel		Malter	Metzen	4tel	16tel	64tel		Malter	Metzen	4tel	16tel	64tel
Mch. 1/64	---	---	---	--	1,93	Gra 1/64	---	--	---	-	1,24	Maaß 1/64	---	---	-	--	1,01
1/16	---	---	--	1	3,72	1/16	---	--	--	1	0,98	1/16	---	---	-	1	0,38
1/4	---	---	1	3	2,88	1/4	---	--	1	--	3,91	1/4	---	---	1	-	1,53
1	---	--	1	3	2 3,53	1	---	1	--	3	3,64	1	--	-	1	1	2,14
2	---	3	3	1	3,05	2	---	2	1	3	3,28	2	--	2	--	3	0,27
3	---	5	3	--	2,58	3	--	3	2	3	2,92	3	---	3	1	--	2,41
Achtel 1	---	7	2	3	2,10	4	---	4	3	3	2,56	4	--	4	1	1	0,54
2	1	7	1	3	0,21	5	---	6	--	3	2,20	5	- -	5	1	3	2,67
3	2	7	--	2	2,31	6	--	7	1	3	1,84	6	---	6	2	1	0,81
4	3	6	3	2	0,42	7	1	--	2	3	1,48	7	--	7	2	2	2,95
5	4	6	2	1	2,52	Malter 1	1	1	3	3	1,12	Malter 1	1	--	3	-	1,08
6	5	6	1	1	0,62	2	2	3	3	2	2,24	2	2	1	2	-	2,16
7	6	6	--	--	2,73	3	3	5	3	1	3,36	3	3	2	1	-	3,24
8	7	5	3	--	0,83	4	4	7	3	1	0,48	4	4	3	--	1	0,32
9	8	5	1	3	2,94	5	6	1	3	--	1,60	5	5	3	3	1	1,40
10	9	5	--	3	1,04	6	7	3	2	3	2,72	6	6	4	2	1	2,48
20	19	2	1	2	2,08	10	12	3	2	--	3,20	10	10	7	2	2	2,80
30	28	7	2	1	3,12	20	24	7	--	1	2,40	20	21	7	1	1	1,60
40	38	4	3	1	0,16	30	37	2	2	2	1,60	30	32	7	--	--	0,40
50	48	2	--	--	1,20	40	49	6	--	3	0,80	40	43	6	2	2	3,20
60	57	7	--	3	2,24	50	61	1	3	--	0,00	50	54	6	1	1	2,00
100	96	4	--	--	2,40	100	124	3	2	--	0,00	100	109	4	2	3	0,00
200	193	--	--	1	0,80	200	248	7	--	--	0,00	200	219	1	1	2	0,00
300	289	4	--	1	3,20	300	373	2	2	--	0,00	300	328	6	--	1	0,00
400	386	--	--	1	2,60	400	497	6	--	--	0,00	400	438	2	3	--	0,00
500	482	4	--	--	3 0,00	500	622	1	2	--	0,00	500	547	7	1	3	0,00

Thut in Korngemäß zu Wirzburg.

XLVI. Nürnberg

Haber gemäß in	Malter	Metzen	4tel	16tel	64tel
Meg. 1/64	—	—	—	—	0,87
1/16	—	—	—	—	3,47
1/4	—	—	—	3	1,88
1	—	—	3	1	3,51
2	—	1	2	3	3,03
3	—	2	2	1	2,54
4	—	3	1	3	2,05
5	—	4	1	1	1,56
6	—	5	—	3	1,09
7	—	6	—	1	0,59
8	—	6	3	3	0,10
9	—	7	3		3,62
10	1	—	2	2	3,13
20	2	1	1	1	2,26
30	3	1	—		1,39
Malter 1	3	3	3		0,42
2	6	7	2		0,83
3	10	3	1		1,25
4	13	7	—		1,66
5	17	2	3		2,08
10	34	5	2	1	0,16
20	69	3	—	2	0,32
30	104	—	2	3	0,48
40	138	6	1	—	0,64
100	346	7	2	2	1,60
200	693	7	1	—	3,20

XLVII. Oberschwarzach

Haber gemäß in	Malter	Metzen	4tel	16tel	64tel
Meg. 1/64	—	—	—	—	1,66
1/16	—	—	—	1	2,64
1/4	—	—	1	2	2,54
1	—	1	2	2	2,18
2	—	3	1	1	0,36
3	—	4	3	3	2,55
4	—	6	2	2	0,73
5	1	—	1		2,31
6	1	1	3	3	1,09
7	1	3	2	1	3,27
Malter 1	1	5	1		1,46
2	3	2	2		2,91
3	4	7	3	1	0,37
4	6	5	—	1	1,82
5	8	2	1	1	3,28
6	9	7	2	2	0,74
10	16	4	2	3	2,56
20	33	1	1	3	1,12
30	49	6	—	2	3,68
40	66	2	3	2	2,24
50	82	7	2	2	0,80
100	165	7	1	—	1,60
200	331	6	2	—	3,20
300	497	5	3	1	0,80
400	663	5	—	1	2,40
500	829	4	1	2	0,00

XLVIII. Ochsenfurt

Haber gemäß in	Malter	Metzen	4tel	16tel	64tel
Megen 1/64	—	—	—	1	1,57
1/16	—	—	—	1	2,28
3/4	—	—	1	2	1,12
1	—	1	2	1	0,47
2	—	3	—		0,93
3	—	4	2	3	1,40
4	—	6	1	—	1,86
5	—	7	3	1	2,33
6	1	1	1	2	2,80
7	1	2	3	3	3,26
Malter 1	1	4	2		3,73
2	3	1	—	1	3,46
3	4	5	2	2	3,18
5	7	6	3		2,64
6	9	3	1	1	2,37
10	15	5	2	1	1,28
20	31	3	—	2	2,56
30	47	—	2	3	3,84
40	62	6	1	1	1,12
50	78	3	3	2	2,40
100	156	7	3	1	0,80
200	313	7	2	2	1,60
300	470	7	1	3	2,40
400	627	7	1	—	3,20
500	784	7		2	0,00

Haber-gemäß in — XLIX. Remlingen. | Haber-gemäß in — L. Röttingen. | Haber-gemäß in — LI. Rotenburg an der Tauber.

Thut in Korngemäß zu Wirzburg.

XLIX. Remlingen.

Haber-gemäß in	Malter	Mezen	4tel	16tel	64tel
Simra 1/64	—	—	—	—	0,96
1/8	—	—	—	—	3,84
1/4	—	—	—	3	3,36
1	—	—	3	3	1,43
2	—	1	3	2	2,87
3	—	2	3	2	0,30
4	—	3	3	1	1,73
5	—	4	3	—	3,16
6	—	5	3	—	0,60
7	—	6	2	3	2,03
8	—	7	2	2	3,+6
9	1	—	2	2	0,90
Malter 1	1	1	2	1	2,33
2	2	3	—	3	0,66
3	3	4	3	—	2,99
4	4	6	1	2	1,32
5	5	7	3	3	3,65
10	11	7	3	3	3,30
20	23	7	3	3	2,60
30	35	7	3	3	1,90
40	47	7	3	3	1,20
50	59	7	3	3	0,50
100	119	7	3	2	1,00
200	239	7	3	—	2,00
300	359	7	2	2	3,00
400	479	7	2	1	0,00

L. Röttingen.

Haber-gemäß in	Malter	Mezen	4tel	16tel	64tel
Metzen 1/64	—	—	—	—	1,47
1/8	—	—	—	1	1,90
1/4	—	—	1	1	3,60
1	—	1	1	3	2,39
2	—	2	3	3	0,78
3	—	4	1	2	3,17
4	—	5	3	2	1,56
5	—	7	1	1	3,95
6	1	—	3	1	2,35
7	1	2	1	1	0,4
Malter 1	1	3	3	—	3,13
2	2	7	2	1	2,26
3	4	3	1	2	1,38
4	6	7	—	3	0,51
5	7	2	3	3	3,64
6	8	6	3	—	2,77
10	14	5	3	3	3,28
20	29	3	3	3	2,56
30	44	1	1	3	1,84
40	58	7	3	3	1,12
50	73	5	3	3	0,40
100	147	3	3	2	0,80
200	294	7	3	—	1,60
300	442	3	2	2	2,40
400	589	7	2	—	3,20
500	737	3	1	3	0,00

LI. Rotenburg an der Tauber.

Haber-gemäß in	Malter	Mezen	4tel	16tel	64tel
Metz 1/64	—	—	—	—	1,78
1/16	—	—	—	1	3,14
1/4	—	—	1	3	0,17
1	—	1	3	—	2,27
2	—	3	2	1	0,54
3	—	5	1	1	2 81
4	—	7	—	2	1,08
5	1	—	3	2	3,34
6	1	2	2	3	1,61
7	1	4	1	3	3,88
Malter 1	1	6	1	—	2,15
2	3	4	2	1	0,30
3	5	2	3	1	2,46
4	7	1	—	2	0,61
5	8	7	1	2	2,76
6	10	5	2	3	0,91
10	17	6	3	1	1,52
20	35	5	2	2	3,04
30	53	4	2	—	0,56
40	71	3	1	1	2,08
50	89	2	—	2	3,60
100	178	4	1	1	3,20
200	357	—	2	3	2,40
300	535	5	—	1	1,60
400	714	1	1	3	0,80
500	892	5	3	1	0,00

Thut in Korngemäß zu Wirzburg.

Habers gemäß in	Malter	Metzen	4tel	16tel	64tel	Habers gemäß in	Malter	Metzen	4tel	16tel	64tel	Habers gemäß in	Malter	Metzen	4tel	16tel	64tel
Metzen $\frac{1}{64}$	—	—	—	—	1,37	Metzen $\frac{1}{64}$	—	—	—	—	1,50	Metzen $\frac{1}{64}$	—	—	—	—	1,71
$\frac{1}{16}$	—	—	—	1	1,49	$\frac{1}{16}$	—	—	—	1	2,78	$\frac{1}{16}$	—	—	—	1	2,85
$\frac{1}{4}$	—	—	1	1	1,97	$\frac{1}{4}$	—	—	1	2	3,14	$\frac{1}{4}$	—	—	1	2	3,40
1	—	1	1	1	3,86	1	—	1	2	3	0,56	1	—	1	2	3	1,62
2	—	2	2	3	3,73	2	—	3	1	2	1,12	2	—	3	1	2	3,23
3	—	4	—	1	3,59	3	—	5	—	1	1,68	3	—	5	—	2	0,85
4	—	5	1	3	3,45	4	—	6	3	—	2,24	4	—	6	3	1	2,46
5	—	6	3	1	3,31	5	1	—	1	3	2,79	5	1	—	2	1	0,08
6	1	—	—	3	3,18	6	1	2	—	2	3,35	6	1	2	1	—	1,70
7	1	1	2	1	3,04	7	1	3	3	1	3,91	7	1	3	3	3	3,31
Malter 1	1	2	3	3	2,90	Malter 1	1	5	2	1	0,74	Malter 1	1	5	2	3	0,93
2	2	5	3	3	1,81	2	3	3	—	2	0,94	2	3	3	1	2	1,86
3	4	—	3	3	0,71	3	5	—	2	3	1,42	3	5	1	—	1	2,78
4	5	3	3	2	3,62	4	6	6	1	—	1,89	4	6	6	3	—	3,71
5	6	6	3	2	2,52	5	8	3	3	1	2,36	5	8	4	2	—	0,64
6	8	1	3	2	1,42	6	10	1	1	2	2,83	6	10	2	—	3	1,57
10	13	5	3	1	1,04	10	16	7	2	3	0,72	10	17	1	—	—	1,28
20	27	3	2	2	2,08	20	33	7	1	2	1,44	20	34	2	—	—	2,56
30	41	1	1	3	3,12	30	50	7	—	1	2,16	30	51	3	—	—	3,84
40	54	7	1	1	0,16	40	67	6	3	—	2,88	40	68	4	—	1	1,12
50	68	5	—	2	1,20	50	84	6	1	3	3,60	50	85	5	—	1	2,40
100	137	2	1	—	2,40	100	169	4	3	3	3,20	100	171	2	—	3	0,80
200	274	4	2	1	0,80	200	339	1	3	3	1,40	200	342	4	1	2	1,60
300	411	6	3	1	3,20	300	508	6	3	3	1,60	300	513	6	2	1	2,40
400	549	1	—	2	1,60	400	678	3	3	3	0,80	400	685	—	3	—	3,20
500	686	3	1	3	0,00	500	848	—	3	3	0,00	500	856	3	—	—	0,0

Haber gemäß in	LV. Seßlach	Haber gemäß in	LVI. Speyer	Haber gemäß in	LVII. Stadelschwarzach

Thut in Korngemäß in Wirzburg.

LV. Seßlach

Haber gemäß in	Malter	Megen	4tel	16tel	64tel
Viert. 1/64	---	---	---	--	1,37
1/16	---	---	--	1	1,48
1/4	---	---	1	1	1,93
1	---	1	1	1	3,73
2	---	2	2	3	3,47
3	---	4	--	1	3,20
Eimer 1	---	5	1	3	2,94
2	1	2	3	3	1,87
3	2	--	1	3	0,81
4	2	5	3	2	3,74
5	3	3	1	2	2,68
6	4	--	3	2	1,62
7	4	6	1	2	0,55
8	5	3	3	1	3,49
9	6	1	1	1	2,42
10	6	6	3	1	1,36
20	13	5	2	2	2,72
30	20	4	2	--	0,08
40	27	3	1	1	1,44
50	34	2	--	2	2,80
60	41	1	--	--	0,16
100	68	4	1	1	1,60
200	137	--	2	3	3,20
300	205	5	--	--	0,80
400	274	1	1	1	2,40
500	342	5	2	3	0,00

LVI. Speyer

Haber gemäß in	Malter	Megen	4tel	16tel	64tel
Sächl. 1/4	---	--	---	---	0,74
1	---	--	--	--	2,96
Immel 1	---	--	--	2	3,62
Eimer 1	---	--	--	3	2,50
2	---	1	1	3	0,99
3	---	2	--	2	3,48
4	---	2	3	2	1,98
5	--	3	2	2	0,48
6	--	4	1	1	2,97
7	---	5	--	1	1,46
8	--	5	3	--	3,96
Malter 1	--	6	2	--	2,46
2	1	1	5	--	0,91
3	2	3	2	1	3,36
4	3	2	--	2	1,82
5	4	--	2	3	0,28
10	8	1	1	2	0,55
20	16	2	3	--	1,10
30	24	4	--	2	1,65
40	32	5	2	2	2,20
50	40	6	3	2	2,75
100	81	5	3	1	1,50
200	163	3	1	2	3,00
300	245	1	2	--	0,50
400	326	7	1	1	2,00
500	408	5	--	2	3,50

LVII. Stadelschwarzach

Haber gemäß in	Malter	Megen	4tel	16tel	64tel
Rich. 1/64	---	---	---	--	1,63
1/16	---	---	--	1	2,51
1/4	---	---	1	2	2,05
1	---	1	2	2	0,21
2	---	3	1	--	0,41
3	---	4	3	2	0,62
4	--	6	2	--	0,83
5	1	--	--	2	1,04
6	1	1	3	--	1,24
7	1	3	2	1	1,45
Malter 1	1	5	--	--	1,66
2	3	2	--	--	3,31
3	4	7	--	1	0,97
4	6	4	--	1	2,62
5	8	1	--	2	0,28
6	9	6	--	2	1,94
10	16	2	1	--	0,56
20	32	4	2	--	1,12
30	48	6	3	--	1,68
40	65	1	--	--	2,24
50	81	3	1	--	2,80
100	162	6	2	1	1,60
200	325	5	--	2	3,20
300	488	3	3	--	0,80
400	651	2	1	1	2,40
500	814	--	5	3	0,00

Thut in Korngemäß zu Wirzburg.

LVIII. Stadtschwarzach

Haber gemäß in	Malter	Megen	4tel	16tel	64tel
Reg. 1/64	—	—	—	—	1,63
1/16	—	—	—	1	2,54
1/4	—	—	1	2	2,15
1	—	1	1	2	0,58
2	—	3	1	—	1,16
3	—	4	3	2	1,74
4	—	6	2	—	2,32
5	1	—	—	2	2,89
6	1	1	3	—	3,47
7	1	3	1	3	0,05
Malter 1	1	5	—	1	0,63
2	3	2	—	2	1,26
3	4	7	—	3	1,90
4	6	4	1	—	2,53
5	8	1	1	1	3,16
6	9	6	—	2	3,79
10	16	2	2	3	2,32
20	32	5	1	3	0,64
30	49	—	—	2	2,96
40	65	2	3	2	1,28
50	81	5	2	1	3,60
100	163	3	—	3	3,20
200	326	6	1	3	2,40
300	490	1	2	3	1,60
400	653	4	3	3	0,80
500	817	—	—	3	0,00

LIX. Sulzfeld im Grabfeld.

Haber gemäß in	Malter	Megen	4tel	16tel	64tel
Reg. 1/64	—	—	—	—	1,40
1/16	—	—	—	1	1,60
1/4	—	—	1	1	2,41
1	—	1	1	2	1,64
2	—	2	3	—	3,28
3	—	4	—	3	0,92
4	—	5	2	1	2,56
5	—	7	—	—	0,19
Scheffel 1	1	—	1	2	1,83
2	2	—	3	—	3,67
3	3	1	—	3	1,50
4	4	1	2	1	3,34
5	5	2	—	—	1,17
6	6	2	1	2	3,00
7	7	2	3	1	0,84
10	10	4	—	—	2,34
20	21	—	—	1	0,68
30	31	4	—	1	3,02
40	42	—	2	—	1,36
50	52	4	—	2	3,70
60	63	—	—	3	2,04
100	105	—	1	1	3,40
200	210	—	2	3	2,80
300	315	1	—	1	2,10
400	420	1	1	3	1,60
500	525	1	3	1	1,00

LX. Tann.

Haber gemäß in	Malter	Megen	4tel	16tel	64tel
Raa 1/64	—	—	—	—	1,22
1/16	—	—	—	1	0,88
1/4	—	—	—	1	3,52
1	—	—	1	3	2,08
2	—	2	1	3	0,15
3	—	3	2	2	2,23
4	—	4	3	2	0,31
5	—	6	—	1	2,38
6	—	7	1	1	0,46
7	1	—	—	2	2,54
Malter 1	1	1	3	—	0,62
2	2	3	2	—	1,23
3	3	5	1	—	1,85
4	4	7	—	—	2,46
5	6	—	3	—	3,08
6	7	2	2	—	3,70
10	12	1	2	1	2,16
20	24	3	—	3	0,32
30	36	4	3	—	2,48
40	48	6	1	2	0,64
50	60	7	3	3	2,80
100	121	7	3	3	1,60
200	243	7	3	2	3,20
300	365	7	3	2	0,80
400	487	7	3	1	2,40
500	609	7	3	1	0,00

Thut in Korngemäß zu Würzburg.

Haber-gemäß in	Malter	Metzen	4tel	16tel	64tel	Haber-gemäß in	Malter	Metzen	4tel	16tel	64tel	Haber-gemäß in	Malter	Metzen	4tel	16tel	64tel
Metzen 1/32	—	—	—	—	1,74	Eimra 1/32	—	—	—	—	1,28	Metz. 1/32	—	—	—	—	0,55
1/16	—	—	—	1	2,96	1/16	—	—	—	1	1,12	1/8	—	—	—	3	1,64
1/4	—	—	1	2	3,81	1/4	—	—	1	1	0,49	1/4	—	—	1	2	3,28
1	—	1	2	3	3,42	1	—	1	1	—	1,97	1	—	1	2	3	1,12
2	—	3	1	3	2,83	2	—	2	2	—	3,23	2	—	3	1	2	2,23
3	—	5	—	3	2,25	3	—	3	3	1	1,90	3	—	5	—	1	3,35
4	—	6	3	3	1,67	4	—	5	—	1	3,87	4	-	6	2	1	0,46
5	1	—	2	3	1,08	5	—	6	1	1	1,83	5	1	—	2	—	1,17
6	1	2	1	3	0,50	6	—	7	2	2	3,80	6	1	2	—	3	2,69
7	1	4	—	2	3,02	7	1	—	3	3	1,77	7	1	3	3	2	3,80
Malter 1	1	5	3	2	3,34	Malter 1	1	2	—	3	3,74	Malter 1	1	5	2	2	0,92
2	3	3	3	1	2,67	2	2	4	1	3	3,47	2	3	3	1	—	1,84
3	5	1	3	-	2,01	3	3	6	2	3	3,21	3	5	—	3	2	2,76
4	6	7	2	3	1,34	4	5	—	3	3	2,94	4	6	6	2	-	3,88
5	8	5	2	2	0,68	5	6	3	—	3	2,68	5	8	4	—	3	0,60
6	10	3	2	1	0,02	6	7	5	1	3	2,42	6	10	1	3	1	1,52
10	17	3	1	-	1,36	10	12	6	1	3	1,36	10	17	—	1	2	1,20
20	34	6	2	-	2,72	20	25	4	3	2	2,72	20	34	-	3	-	2,40
30	52	1	3	1	0,08	30	38	2	1	2	0,08	30	51	1	-	2	3,60

Thut in Korngemäß zu Wirzburg.

Haber-gemäß in	Malter	Megen	4tel	16tel	64tel	Haber-gemäß in	Malter	Megen	4tel	16tel	64tel
Rch. 1/64	—	—	--	1	1,54	Simri 1/64	—	—	—	1	1,03
1/16	—	—	1	2	2,18	1/16	—	—	—	1	0,11
1/4	—	—	1	2	0,71	1/4	—	—	1	—	0,44
1	—	1	2	—	2,83	1	—	1	--	1	1,75
2	—	3	1	1	1,67	2	—	2	--	3	3,50
3	—	4	2	2	0,50	3	—	3	--	1	1,26
4	—	6	—	2	3,33	4	—	4	-	1	3,01
5	—	7	2	3	2,16	5	—	5	-	2	0,76
6	1	1	1	—	1,00	6	—	6	--	2	2,51
7	1	2	3	-	3,83	7	—	7	--	3	0,26
8	1	4	1	1	2,66	Scheffel 1	1	-	--	3	2,02
9	1	5	3	2	1,50	2	2	--	1	3	0,03
10	1	7	1	3	0,33	3	3	--	2	2	2,05
11	2	—	3	3	3,16	4	4	--	3	2	0 06
Malter 1	2	2	2	—	2,00	5	5	1	--	1	2,08
2	4	5	—	1	0,00	6	6	1	1	1	0,10
3	6	7	2	1	1,99	10	10	2	—	3	0,16
4	9	2	—	1	3,98	20	20	4	1	2	0,32
5	11	4	2	2	1,98	30	30	6	2	1	0,48
10	23	1	1	3	3,96	40	41	--	3	--	0,64
20	46	2	2	1	3,92	50	51	2	3	3	0,80
30	69	3	3	.2	3,88	100	102	5	3	2	1,60
40	92	5	—	3	3,84	200	205	3	3	-	3,20
50	115	6	2	—	3,80	300	308	1	2	3	0,80
100	231	5	—	1	3,60	400	410	7	2	1	2,40
200	463	2	—	3	3,20	500	513	5	2	—	0,00

Druckfehler.

In der Einleitung Seite 1 Zeile 2 statt Thätgkeit ließ Thätigkeit

— — — 5 — Stadt-Kornmaaß ließ Stadt-Baumaaß

I Abtheilung Tab. XIV bey 5 Wirzburger Kornmetzen hinüber ließ |—| 3| 1| 3|3,22|

— XXXI bey 2 Wirzburger Kornmetzen hinüber ließ |—| 1| 2| 1|1,84|

— LV bey 6 Wirzburger Kornmetzen hinüber ließ | 1|—| 1| 5|3,98|

— LVII bey 100 Wirzburger Kornmalter hinüber ließ |61| 3| 1| 1|0,80|

— LXIV bey 1/16 Wirzburger Kornmetzen hinüber ließ |—|—|—|—|2,59|

II Abtheilung Tab. XXI bey 1 Malter ließ | 1| 1| 3| 2|3,30|

— — bey 100 Malter — |124|—| 2| 2|2,00|

— XXII bey 2 Metzen — | —| 3|—| 2|0,58|

— XXIV bey 9 Malter — | 6| 2| 3| 1|3,91|

— XLII bey 3 Simra — | —| 2| 2| 3|0,78|

— XLV bey 1/64 Maaß — | —|—|—|—|1,10|

— L bey 30 Malter — | 44| 1| 3| 3|1,34|

— LIII bey 1 Malter — | 1| 5| 2| 1|0,47|

— LXIII bey 4 Metzen — | —| 6| 3| 1|0,46|